BABAJI'S KRIYA YOGA
Deiner Praxis Tiefe geben

Von

Jan Ahlund

&

Marshall Govindan

Babaji's Kriya Yoga and Publications, Inc
St. Etienne de Bolton, Quebec, Kanada

Babaji's Kriya Yoga: Deiner Praxis Tiefe geben
Von Jan Ahlund and Marshall Govindan

Erste englische Veröffentlichung im August 2009 von
Babaji's Kriya Yoga and Publications, Inc.
196 Mountain Road, P.O. Box 90
Eastman, Quebec, Kanada J0E 1P0
Telefon: 450-197-0258 or 1-888-252-9642; Fax: 1-450-297-3957
www.babajiskriyayoga.net E-Mail: info@babajiskriyayoga.net
Englische Auflage: Oktober 2013

Übersetzung aus dem Englischen von Romy Schweiger, Sven Christiansen
Umschlaggestaltung und Layout: David Lavoie
Zeichnungen: Barbara Miller. Fotographien: Marshall Govindan

Druck und Bindung in Deutschland

Ahlund, Jan Suzanne
Babaji's Kriya Yoga: Deepening Your Practice / by
Ahlund, Jan and Govindan, Marshall

ISBN: 978-1-987972-10-8

1. Yoga, Kriya. I. Govindan, Marshall II. Title. BL1

238.56.K74A44 2009 294.5'436 C2009-905168-0

Inhaltsverzeichnis

Einleitung

Die Tradition von Babaji's Kriya Yoga ist eine klassische Yogaform. Sie geht direkt auf die alte Kriya Tradition Südindiens zurück, auf vollendete Meister des Shiva Yoga, welche als die 18 Siddhas bekannt sind. Babaji's Kriya Yoga hat jedoch auch Wurzeln bei den Siddhas des Himalaja, da die Techniken zu dem Maha Siddha Kriya Babaji, dem legendären Satguru Paramahamsa Yoganandas, zurückverfolgt werden können, über den er in seinem Meisterwerk, *Autobiographie eines Yogi*, geschrieben hat. Die Anzahl der südindischen Siddhas (achtzehn) könnte als rein symbolisch für die Lehren oder die achtzehn mystischen Bewusstseinszustände angesehen werden. Allerdings bietet uns das Buch, *The Yoga of the Eighteen Siddhas: An Anthology (2004),* einen Einblick in die Lehren der achtzehn Siddhas in Versform und enthüllt einige Details über das frühe Leben zweier großer Siddhas, Agastyar und Boganathar, welche die hauptsächlichen Gurus von Kriya Babaji gewesen sein sollen. (Siehe *Babaji – Kriya Yoga und die 18 Siddhas*).

Drei Bücher über die Lehren des Kriya Yoga wurden 1952 und 1953 von Siddha Babaji einem Schüler, V.T. Neelakantan, diktiert und unter dem Titel: *Die Stimme Babaji's: Eine Trilogie über Kriya Yoga (2003)* neu aufgelegt und veröffentlicht. Diese Schriften beleuchten die frühen Jahre einer neuen Mission, die Babaji durch seine Anhänger V.T. Neelakantan und S.A.A. Ramaiah initiierte. Babaji lehrte Yogi Ramaiah und V.T. Neelakantan eine Synthese aus klassischem Yoga und Tantra, so wie es Babaji selbst von seinen eigenen Gurus, Agastyar und Boganathar, in einem auf einander aufbauenden System von Techniken gelernt hatte, 144 Kriyas, welche sie als Babaji's Kriya Yoga bezeichneten. In diesen Kriya Yoga Techniken liegt eine gewisse Autorität und Ursprünglichkeit, ein Hauch von Heiligkeit, Herrlichkeit und Reinheit, was sie „von menschlicher Hand unberührt“ erscheinen lässt.

Babaji's Kriya Yoga ist ein authentisches und vollkommenes System bestehend aus 144 Techniken, die zu Gewahrsein und Selbstverwirklichung führen. Er ist eine Methode des Raja Yoga (königlicher Weg), der darauf beruht, den **Prana** (Lebenskraft) zu lenken, um den Geist und die Emotionen zu reinigen und auszugleichen. Bei dem System handelt es sich um einen fünffachen Weg:

1) **Kriya Hatha Yoga** – Körperhaltungen, die Entspannung und Stabilität fördern;

2) **Kriya Kundalini Pranayama** – Atemtechniken, um die eigene potentielle Kraft und das eigene Bewusstsein zu erwecken und in den Chakras, oder psychoenergetischen Zentren, zirkulieren zu lassen;

3) **Kriya Dhyana Yoga** – die wissenschaftliche Kunst, den Geist durch unterschiedliche Konzentrations- und Meditationstechniken zu meistern, um das Unterbewusstsein zu reinigen und die inneren Sinne und die Fähigkeit, das zu visualisieren und zu manifestieren, wonach man im Leben strebt, weiterzuentwickeln;

4) **Kriya Mantra Yoga** – die stille, mentale Wiederholung bestimmter Klänge, um den Intellekt zu höheren Bewusstseinsebenen und zu kreativer Intelligenz zu erwecken und das Unterbewusstsein von seinen Gewohnheiten, oder *Samskaras*, zu reinigen;

5) **Kriya Bhakti Yoga** – die Ausbildung göttlicher Liebe und spirituellen Strebens für das Wahre, das Gute und das Schöne, die Hingabe des an das Ego gebundenen Bewusstseins an das Bewusstsein des eigenen höchsten Selbst. Wenn die Seele aufrichtig um Befreiung von den Begierden und Abneigungen des Egos bittet, antwortet Gnade in Form von spirituellen Erfahrungen.

Zusätzlich zu diesen fünf Yogas beschreiben sowohl Raja Yoga als auch Babaji's Kriya Yoga weitere notwendige Schritte: *Yamas, Niyamas, Pratyahara und Samadhi.* Die *Yamas* können als Selbstbeschränkungen oder als ethische Praktiken von Gewaltlosigkeit, Wahrhaftigkeit, Nicht-Stehlen, sinnlicher Zurückhaltung und Begierdelosigkeit definiert werden. *Niyamas* sind die Prinzipien des persönlichen Verhaltens bzw. Selbstdisziplin. Diese bestehen aus der Einhaltung von Zufriedenheit (*Santosha*), Reinheit (*Shaucha*), Selbststudium (*Svadhyaya*), intensiver Praxis (*Tapas*) und Hingabe an den Herrn (*Ishvara pranidhana*). Diese Prinzipien der Lebensführung sind zur Etablierung einer persönlichen yogischen Praxis im Leben notwendig. *Pratyahara* bedeutet, das Bewusstsein von den Sinnen - von akustischen, visuellen, taktilen, geruchlichen und geschmacklichen Eindrücken - zurückzuziehen. *Pratyahara* bildet die Fähigkeit aus, von dem Lärm und der Unruhe in der eigenen Umgebung ungestört zu bleiben und fördert die Meditation. Dies entspricht einem Rückzug von den Sinneseindrücken, die den Geist begrenzen. Damit ist die Fähigkeit gemeint, von dem Lärm und der Unruhe in der eigenen Umgebung unberührt zu bleiben, sodass man meditieren kann. Dazu gehört auch, von falschen Nahrungsmitteln und verkehrten Verbindungen oder Beziehungen im Leben abzusehen. *Pratyahara* stellt sich bei allen der fünf Kriya Yogas auf natürliche Weise ein.
Samadhi ist der atemlose Zustand des Bewusstseins oder kognitive Versenkung. Dies ist der tiefe Zustand der Meditation, bei dem man in reinem Bewusstsein absorbiert ist. Während es verschiedene Stufen von *Samadhi* gibt, wird man sich letztendlich „Dessen bewusst, was bewusst ist." Diese direkte Wahrnehmung der höchsten Realität der Natur des eigenen Geistes resultiert aus einer intensiven Meditationspraxis. Babaji's Kriya Yoga beinhaltet spezifische Techniken, die einen in den *Samadhi* hinein führen.

Babaji's Kriya Yoga ist ein bewährtes System, das die eigenen Fähigkeiten auf allen fünf Daseinsebenen weiterentwickelt: physisch, vital (emotional), mental, intellektuell und spirituell. Diese Kriya Yoga Techniken wirken auf integrale Weise, um dem Praktizierenden blendende Gesundheit, Vitalität, Fröhlichkeit, mentale Klarheit und Mitgefühl zu bescheren.

Die Sinneswahrnehmungen werden fein und klar und der Geist und der Intellekt auf wunderbare Weise geschärft. Verborgene Fähigkeiten werden entfaltet und die persönliche Kraft nimmt zu. Dies geschieht jedoch nicht zum begrenzten Eigennutz, sondern um der ausgedehnten Wahrnehmung des Selbst zu dienen, das in anderen erfahren wird. Mitgefühl und Intuition wachsen ebenso wie die Fähigkeit, zu dienen. Und wenn sich das eigene Bewusstsein ausdehnt, werden die Bedürfnisse anderer als die eigenen verstanden.

Kriya Yoga ist eine praktische Kunst und Wissenschaft zur Verwirklichung des eigenen vollen Potentials hier in dieser Welt. Dafür muss man keinerlei religiösem Glaubenssystem angehören. Es macht keinen Unterschied, ob man Christ, Buddhist, Hindu, Agnostiker oder Atheist ist. Jeder kann von seiner Praxis profitieren. Kriya Yoga ist „Handeln mit Bewusstheit“ und dadurch ist es möglich, Bewusstheit zu erfahren und zu lernen, diese Bewusstheit aktiv in das tägliche Leben zu übertragen. Außerdem kann man eine signifikant verbesserte, robuste körperliche Gesundheit, gesteigerte vitale Energie, mentale Klarheit, größere intuitive Fähigkeiten, Selbstbewusstheit und spirituelle Freude, Frieden und Wohlbefinden erlangen.

Kapitel 1
Handeln mit Bewusstheit

Handeln mit Bewusstheit ist sowohl das Instrument als auch das Ziel von Babaji's Kriya Yoga. Wir werden uns dadurch *Dessen bewusst, was bewusst ist*; der einen Konstanten, die all unseren Gedanken und Erfahrungen zugrunde liegt.

Yoga wurde in Indien ursprünglich als spiritueller Weg zur Selbstverwirklichung entwickelt; heute erfreut er sich allerdings aufgrund seiner vielen praktischen Vorteile weltweiter Beliebtheit. Bei dem Übergang dieser körperlichen/spirituellen Disziplin von einer altertümlichen indischen zu einer modernen westlichen Kultur müssen noch die Werte miteinander in Einklang gebracht werden, die einer jeden der beiden Kulturen innewohnen. Yoga wird meistens als ein System körperlicher Übungen zur Verbesserung der eigenen Gesundheit, oder minimalerweise manchmal auch, zur Gewichtsreduktion und Körperstraffung gelehrt. Folglich ist verwestlichter Yoga oft nur ein fader Schatten dessen, was er in Wirklichkeit sein kann. Glücklicherweise gibt es eine wachsende Zahl an Lehrern im Westen, die versuchen, die Asana Praxis mit Pranayama und Meditation zu verbinden, um den Schülern einen tieferen Einblick in die Ziele des Yoga zu ermöglichen. Dieser Trend ist wirklich zu begrüßen, aber selbst dort, wo man angeleitet wird, sich seines Atems bzw. seiner Ausrichtung bewusst zu sein, wird wenig über die Natur des Bewusstseins vermittelt oder auch darüber, wie man bewusst handelt und dauerhaftes Glück findet, was die wahren Ziele des Yoga sind.

Die erleuchteten und vollendeten Rishis und Siddhas entwickelten die wissenschaftliche Kunst des Yoga, um den menschlichen Zustand zu perfektionieren. Normalerweise befinden wir uns als Menschen in einem Zustand, in dem wir mit wenig oder keinerlei Bewusstheit handeln. Die Siddhas meinen, unser Dilemma ist, dass „wir mit offenen Augen träumen." Das menschliche Leben ist traumähnlich. Alles kommt und geht, wie im Traum: Freude und Schmerz, Erfolg und Misserfolg, Besitztümer, Beziehungen und auch die Jugendlichkeit des Körpers. Weil wir in dem Traum absorbiert sind, handeln wir unbewusst, angetrieben durch Instinkte, Impulse, konditionierte Gewohnheiten, Begierden oder Abneigungen.

Letztlich streben wir alle entweder nach Glück oder danach, Leiden der einen oder anderen Art zu vermeiden. Glück zu finden, kommt bedauerlicherweise dem Versuch gleich, Wasser mit den Händen aufnehmen zu wollen – es rinnt einfach davon. Zu bekommen, was wir wollen, sei es Freude, Reichtum, Macht, körperliche Schönheit oder Bewunderung, ruft zwangsweise Leiden hervor. Wir haben Angst, zu verlieren, was wir besitzen, oder es beginnt, uns zu langweilen und wir werden unruhig und unzufrieden. So bewegen wir uns von einer Erfahrung zur nächsten in der vergeblichen Hoffnung, dauerhaftes Glück zu finden, oder zumindest eine andere Ablenkung. Anhaltendes Glück scheint sich jedem zu entziehen.

Gibt es keinen Ausweg aus diesem universalen Dilemma? Gibt es eine Möglichkeit, dauerhaftes Glück zu finden?

Die Rishis und die Siddhas meinen „ja“ und, dass „die Menge an Glück im Leben proportional zu der eigenen Disziplin ist.“ Disziplin bedeutet im yogischen Kontext, **sich daran zu erinnern, wer man in Wirklichkeit ist und aufzuhören, sich mit dem zu identifizieren, was man nicht ist.** Dies beginnt mit der Ausbildung von „Bewusstheit“.

Was ist Bewusstheit und wie können wir sie erlangen?

Bewusstheit ist konzentriertes Bewusstsein. Sie ist nicht mit dem Geist gleichzusetzen. Es handelt sich um eine höhere Intelligenz, welche eine Perspektive distanzierter Beobachtung bewahrt. Bewusstheit tritt ein, wenn ein Teil unseres Bewusstseins (unser höherer, urteilsfähiger Geist) sich zurücknimmt und als Zeuge beobachtet, was unser restliches Wachbewusstsein gerade tut, fühlt oder denkt. Dies geschieht selten während des gewöhnlichen Laufs des Lebens, da wir normalerweise zulassen, dass unser Bewusstsein von den Objekten, denen wir unsere Aufmerksamkeit schenken, absorbiert wird. Wir verlieren „uns“ in all den Regungen des Geistes. Entweder identifizieren wir uns mit dem, was wir sehen, hören, denken, fühlen bzw. tun, oder wir lassen zu, dass unser Bewusstsein in viele unterschiedliche Richtungen zerstreut wird. Oft machen wir Dinge, ohne darauf zu achten, was wir tun. Wir verlieren unseren Schlüssel, unsere Brille, unser Mobiltelefon oder wichtige Papiere, oder wir reagieren unpassend und zerstören Beziehungen, weil wir im gegenwärtigen Moment unaufmerksam sind. Unachtsamkeit ist ein Mangel an Bewusstheit. Bewusstheit entspricht konzentrierter, leidenschaftsloser Aufmerksamkeit.

Bewusstheit erfahren wir, wenn wir passive „Zeugen“ der flüchtigen Show sinnlicher und emotionaler Regungen sind. Dies befreit uns von unserer Konditionierung, sodass wir aus einer weiteren Perspektive heraus auf die Umstände reagieren können. Bewusstheit ist ein ruhiger Zustand, der den Geist aktiv in den gegenwärtigen Moment versetzt. Sie ist eine durchsetzungsfähige, logische Intelligenz, die dazu fähig ist, richtige Urteile und Entscheidungen zu fällen. Durch regelmäßiges Überschreiten der konditionierten, gewohnheitsmäßigen Programmierung (Instinkt, Impuls, Affekt) wird diese höhere Intelligenz gestärkt und Losgelöstheit und Urteilsfähigkeit werden verfeinert.

Allein die Fähigkeit, unseren oberflächlichen Geist von subjektiven Regungen freimachen zu können, ist kein Hinweis dafür, dass wir einen Zustand der Bewusstheit erreicht haben. Bewusstheit öffnet den Geist für die subtilen Bewegungen, die auf den tiefsinnigeren Ebenen unseres Wesens aktiv sind. Diese verstärkte Bewusstheit lässt uns tief in die Meditation vordringen und ruft dabei ein Gefühl allgegenwärtiger Stille hervor. Bewusstheit ist ein Zustand vollkommener Ruhe und Stille, der spirituelle Energie von unbeschreiblicher Qualität hervortreten lässt. Wenn wir es uns selbst immer wieder erlauben, innerlich in diesem Zustand zu verweilen, wird der Geist in allen Situationen konzentrierter, urteilsfähiger und objektiver. Die Atembewegungen werden langsam und regelmäßig. Der Geist wird allmählich von seiner Konditionierung befreit und im Herzen kommt ganz natürlich Glück auf.

Welcher Teil von mir ist bewusst?

Die Siddhas sagen, „sei in der Welt, aber kein Teil von ihr." Dies ist ihre Empfehlung für ein lebenslanges Selbststudium. Normalerweise sind wir dazu konditioniert, uns vollkommen von den Objekten, denen wir unsere Aufmerksamkeit schenken, beanspruchen zu lassen: von unseren Gedanken, Erinnerungen, Emotionen, Bedürfnissen, Begierden und Aversionen. Wir neigen dazu, in Reaktion auf den Einfluss der Welt zu handeln, ohne dabei die grundlegenden, existentiellen Fragen zu untersuchen, **„Wer handelt?"** und **„Wer bin ich?"**. Wir denken, sprechen, handeln, reagieren und bringen unsere Gefühle zum Ausdruck, aber stellen dabei selten eine Verbindung zu dem „Ich" her, das diese Dinge tut. Wir lesen Bücher und sammeln Informationen, ohne darüber nachzudenken, wer gerade liest oder Informationen erhält. Wir verlieben uns, ohne zu bemerken, wem dies widerfährt, oder wir werden wütend oder sind traurig, ohne wirklich zu wissen, warum. Wir sagen: „Ich bin verliebt," „Ich bin wütend," „Ich bin deprimiert," „Ich glaube dieses oder jenes." Wir essen, arbeiten, beschäftigen uns, schlafen ein, stehen auf und machen das routinemäßig immer wieder von Neuem, ohne dabei jemals den Prozess zu beobachten. Wir unterbrechen die Gedanken nicht lange genug, um uns zu fragen, „wer denkt, handelt, zeigt seine Gefühle, beschäftigt sich, schläft oder glaubt gerade?" Yoga ermöglicht uns, durch die Ausbildung von Bewusstheit die Antwort auf diese Fragen zu erkennen.

Etwa 200 n. Chr. schrieb der Weise Patanjali seinen Klassiker, *Die Yoga Sutras*. Darin unterscheidet er klar zwischen dem, was bewusst ist, dem Sehenden, und allem anderen, was man erlebt, dem Gesehenen, wozu auch all die Regungen innerhalb des Geistes gehören. Der Sehende ist der Zeuge, unsere rein subjektive Perspektive, das, was bewusst ist, das, was als „Ich bin" erfahren wird. Das Gesehene ist alles andere in der Natur: alle Objekte des Bewusstseins, von den grobstofflichsten Dingen zu den feinstofflichsten Gedanken und geistigen Formationen. Der Verstand ist die Summe aller mentalen Gebilde, einschließlich der Erinnerung, der Vorstellungskraft, der Sinneseindrücke und der intellektuellen Abstraktionen.

Patanjali beschreibt Yoga in dem 2. Vers seiner *Yoga Sutras* mit den folgenden Worten: **Yogas citta vrttih nirodhah** oder „Yoga ist das Aufhören der (Identifizierung mit den) Fluktuationen, die im Bewusstsein entstehen." In den nachfolgenden Versen definiert Patanjali diese fünf Fluktuationen als: **1)** die Mittel, um wahres Wissen zu erlangen, wobei es sich um Wissen handelt, das durch unsere fünf Sinne und durch Schlussfolgerung, d.h. Wahrnehmung von Ursache und Wirkung, bestätigt wird; **2)** falsche Vorstellung, ein falsches Wissen, das auf persönlicher Voreingenommenheit beruht; **3)** Konzeptualisierung, das Nachdenken über unsere Erfahrungen;

4) Erinnerung, das Abspeichern vergangener Erlebnisse; **5)** Tiefschlaf, der Gedanke des Nichts. Das Ego identifiziert sich gewohnheitsmäßig mit diesen fünf Arten von Fluktuationen.

Yoga kann demnach als ein systematischer Prozess verstanden werden, bei dem das Bewusstsein vom Egoismus gereinigt wird, der Gewohnheit, sich mit dem identifizieren, was man nicht ist. Wenn man beispielsweise danach gefragt wird, wer man ist, antwortet man typischerweise, indem man seinen Namen, seinen Beruf, seinen Wohnort und Beziehungen mit anderen erwähnt. Diese Dinge sind jedoch keine Konstanten und verändern sich durchaus häufig. Das, womit man sich identifiziert, gerät jede Nacht im Schlaf einfach in Vergessenheit. Im Schlaf erinnert man sich nicht an den eigenen Namen, Beruf oder an Beziehungen, aber das „Ich"-Gefühl bleibt bestehen.

Diese Wahrnehmung von „Ich" ist das wahrhaft Tiefgehende. Aber bedenke, womit sich das „Ich" normalerweise identifiziert: Müdigkeit, Hunger, Langeweile, Angst, Wut, Lust, Frustration, Eifersucht, Neid, Verlangen, Begeisterung, Glück, Traurigkeit und Schmerz – all das, was man gerade fühlt, denkt und tut und alles davon verändert sich unentwegt. Aber, wie kann man in Wahrheit etwas sein, das in dem einen Moment vorhanden und im nächsten bereits verschwunden ist? Kann irgendetwas davon wirklich dem entsprechen, wer du bist? Yoga besagt, was real ist, was wahr ist, ist „Das, was immer ist." Finde den Teil von dir, der immer ist und immer sein wird. Das ist Yoga.

„Die wahre Tragödie der Menschheit ist, dass der Mensch sich selbst verloren hat."
Kriya Babaji „*Man, Life, Death and After*"

Das reale, unveränderliche Selbst finden

Yoga ist ein Prozess der Entdeckung des realen, unveränderlichen Selbst. Dafür ist es erforderlich, dass man durch die Ausbildung von Bewusstheit damit aufhört, sich mit dem zu identifizieren, was man nicht ist. Und was ist man nicht? Alles, was sich verändert, alles, was vergänglich ist. Die Kriya Yoga Techniken beseitigen systematisch falsche Identifikationen mit dem Nicht-Realen, um die Bewusstheit des allgegenwärtigen Selbst, der einen Konstanten, strahlende Selbsterkenntnis, auszubilden. Dieses Ziel ist mit „Selbstverwirklichung" gemeint. Anders als bei jeder Form des persönlichen Wachstums wird dabei allerdings auf die Persönlichkeit keine Rücksicht genommen, noch ist die Entwicklung neuer Fertigkeiten oder Fähigkeiten von Belang. Das Ziel ist, Bewusstheit im innersten Herzen des eigenen Wesens einzuführen und geistigen Weitblick auszubilden. Nur dann ist man angemessen vorbereitet, um jederzeit bewusst zu handeln.

„Die Welt wird durch Disharmonie entzwei gerissen, weil der Mensch seinen Halt verloren hat. Verwirrt, weil er nicht weiß, was er ist und, was sein Ziel sein soll, verausgabt der Mensch seine Energie auf unterschiedliche Arten und Weisen. Sobald er sich selbst findet, wird er geradezu neu erschaffen. Vorher war er ein Körnchen ohne Bestimmung, ohne Bedeutung, sobald er sich selbst gefunden hat, entdeckt er seine wahre

Existenz in der Welt. Und dann steht er sicher mit neuer Selbstsicherheit und neuer Würde."

Kriya Babaji – *Man, Life, Death and After*

Der Prozess der Selbstverwirklichung

Selbstverwirklichung verlangt von uns, zu erkennen, dass wir nicht auf den physischen Körper und auch nicht auf den Intellekt beschränkt sind. Wir können sogar über die subtile Intelligenz hinausgehen, um das feinste Bewusstsein der von Glückseligkeit erfüllten Existenz des Selbst zu entdecken. Jeder von uns muss zu der Erkenntnis gelangen, dass das „Ich" im Inneren im Wesentlichen dem „Ich" in anderen gleicht. Bewusstsein ist Eins. Darum betrübt oder erfreut uns das, was auch andere belastet oder glücklich macht. Folglich steht unser Wohlbefinden mit dem Wohlergehen der Menschen in unserer Umgebung in Zusammenhang. Daher müssen wir nicht nur nach unserem eigenen, sondern auch nach dem Wohl der anderen streben.

Gewiss ist ein derartiger Zustand der Selbstverwirklichung eine ungewöhnliche Geistesverfassung. Dennoch tritt er ein, sobald Bewusstheit aufkommt und ein einfaches, nicht wertendes Bezeugen stattfindet; anderes ausgedrückt, wenn man sich mit dem Sehenden identifiziert, demjenigen, der sieht, und nicht mit dem, was gesehen wird. Immer wenn eine derartige Bewusstheit eintritt, kommt vorbehaltlose Freude auf. Das können wir alle ganz leicht ausprobieren.

Lasse zu, dass ein Teil deines Bewusstseins sich nach innen wendet, als stiller Zeuge zurücktritt, der nichts beurteilt und nichts benötigt. Sei einfach nur. Werde dir dessen bewusst, was außerhalb von dir geschieht. Du wirst feststellen, dass schlichte Zufriedenheit eintritt.

Zufriedenheit ist bedingungslose Freude. Ein Gefühl des Glücks stellt sich ein, wenn wir das bekommen, was wir möchten. Traurigkeit tritt ein, wenn uns das zustößt, was wir nicht wollen. Zufriedenheit bleibt davon unbeeinflusst. Zufriedenheit existiert aus sich selbst heraus und erfordert lediglich, dass wir auf das Selbst zentriert sind und uns von dem Einfluss der Welt um uns distanzieren.

Die indische Bezeichnung für Selbstverwirklichung lautet *Satchitananda*. *Satchitananda* ist zudem eine dreiteilige Formel, um Freude im Leben zu finden. „*Sat*" bedeutet absolutes Sein; „*Chit*" steht für absolutes Gewahrsein oder Bewusstsein; und „*Ananda*" bedeutet absolute Freude oder Glückseligkeit. Das heißt, wenn derjenige präsent ist, der du wirklich bist, dann ist Bewusstheit vorhanden und zusammen mit Bewusstheit stellt sich vorbehaltlose Freude ein.

Patanjali definiert in *Sutra* II.1 seinen Yoga als „Kriya Yoga" und sagt, dass er sich aus „ständiger Praxis" (*Abhyasa*), Loslassen (*Vairagya*) und Hingabe an den Herrn *(Ishvara-pranidhana)* zusammensetzt. Stets zu dem Zentrum, zu dem Sehenden, in den Moment zurückzukehren, entspricht ständiger Praxis, „*Abhyasa*".

Da er erkannte, dass wenige von uns dazu bereit sind, ständig eine derartige Losgelöstheit und Hingabe einzuhalten, gibt er bestimmte alternative Praktiken vor, die vielen von uns als der achtfache Weg des Raja Yoga bekannt sind. Kriya Yoga ist eine Form von Raja Yoga.

Der große Siddha Babaji Nagaraj, ein zeitgenössischer Bruderschüler von Patanjali, hat der heutigen Zeit einen „Kriya Yoga" übermittelt, der vieles mit den philosophischen und praktischen Lehren Patanjalis gemeinsam hat. Man kann Babaji's Kriya Hatha Yoga - obgleich er einfach nur praktiziert werden kann, um die eigene Gesundheit zu verbessern - nicht vollkommen verstehen oder gar schätzen lernen, ohne zu wissen, in welcher Beziehung er zu anderen Zweigen des Kriya Yoga – wie Meditation, Atmung und dem letztendlichen Ziel der Selbstverwirklichung - steht.

Verwirklichung ist das höchste Ziel, aber die Welt hat einen Kreislauf enormer Veränderungen in Bezug auf ihre Ideen und Lebensweisen durchlaufen. Babaji sagt in *Der Stimme Babaji's* mehrfach, dass in der heutigen Zeit unser Ziel ein aktives Leben im Geiste der Selbstlosigkeit ohne Erwartung irgendeiner Gegenleistung oder Belohnung sein sollte. Er teilt uns mit, dass selbstloser Dienst der Yoga ist, der für die Befreiung der Welt und auch für das Individuum am besten geeignet ist, da dadurch ethische Vervollkommnung erreicht wird.

In Babajis eigenen Worten: „Jeder von euch kann ein Kriya Yogi werden, wenn ihr nur nicht länger den Geboten eures niederen Selbst gehorchen und die Eingebildetheit aufgeben würdet. Der Suchende muss beachten, dass Unreinheiten des Egoismus und der menschlichen Persönlichkeit, wie z.B. Wut oder Ehrgeiz, den Fortschritt aufhalten werden. Niemand, der Wutattacken, ganz gleich aus welchem Grund, unterliegt, oder der nach Ansehen, Ruhm und Macht giert, kann ein wahrer Kriya Yogi sein. Immer wenn Wut im Inneren aufkommt, dann kehrt euch der Stille zu. Sobald ihr mit Wut konfrontiert werdet, wendet euch an mentale Stille, Unterscheidungsfähigkeit und das ewige Selbst." (*Man, Life, Death and After*)

Kann das Selbst durch Kriya Yoga verwirklicht werden?

Die Antwort ist ein teilnahmsvolles „Ja." Kriya Yoga ist eine ganzheitliche Wissenschaft. Er zielt auf eine vollständige Transformation und Integration aller Lebensbereiche durch die magische Einwirkung eines höheren Bewusstseins ab. Kriya Yoga ist ein Mittel dazu, sich selbst bei jedem Schritt und in jeder Phase des Lebens auf das Unendliche abzustimmen. Sogar im elementarsten Stadium der Yoga Praxis sind transformative Kräfte zugänglich, denn die Herrlichkeit des eigenen wahren Selbst entspricht der metaphysischen Entität, die dem innersten Herzen des physischen, vitalen und intellektuellen Wesens innewohnt.

Wenn sich das Selbst und das höchste Selbst einander nähern, spürt man die Hand Gottes in der Gestaltung des eigenen Lebens. Man hat mehr und mehr das Gefühl, sich im Einklang mit der eigenen Seele oder dem Universum zu befinden, oder erlebt die süße Erfüllung, Mitgestalter des persönlichen Schicksals zu sein. Man beginnt, eine beständige Verbindung zu dem eigenen wahren Wesen aufzubauen und anderen sogar bei den banalsten Arbeiten mit Tüchtigkeit, Erfolg und Liebe demütig zu dienen. Man nimmt ein Gefühl von Gnade im eigenen Leben wahr. Dies ist der Sinn und das Ziel von Babaji's Kriya Yoga.

Kapitel 2
Babaji's Kriya Hatha Yoga

Was ist Hatha Yoga?

*„Man sollte Asanas praktizieren, um eine stabile Haltung, Gesundheit und körperliche Geschmeidigkeit zu erlangen. Mit der Meisterung eines jeden Asana erleben sowohl der Körper als auch der Geist eine Wiedergeburt." (***Swami Swatmarama***, Hatha Yoga Pradipika,* **15. Jahrhundert***)*

Babaji's Kriya Hatha Yoga zielt darauf ab, den Körper und insbesondere das Nervensystem und den Geist auf höhere spirituelle Übungen vorzubereiten. Diejenigen, die glauben, dass die Praxis von Hatha Yoga, einschließlich der Asanas (physische Haltungen), nur der körperlichen Entwicklung dient, sind falsch informiert und übersehen, wie weitreichend seine Vorteile sind. Der menschliche Körper besteht nicht nur aus Fleisch und Knochen. Er ist auch ein kraftvoller Träger von Bewusstsein und Energie. Die Asana Praxis ist für einen spirituellen Schüler sehr wichtig, um seine schlafenden spirituellen und seelischen Fähigkeiten zu erwecken. Obgleich Asanas an den spirituellen Weg heranführen, bewirken sie nicht automatisch spirituelle Erkenntnis.

Kriya Hatha Yoga nutzt physische Bewegung und Konzentration. Haltungen, die in Koordination mit der Atmung praktiziert werden, können sowohl überschüssige Trägheit als auch Ruhelosigkeit im Körper und im Geist beseitigen. Ein paar Asanas, die auf eine langsame, nicht wetteifernde Art und Weise mit der richtigen Atmung und Konzentration ausgeführt werden, können Bewusstheit ausbilden. Ein Zustand der Bewusstheit stellt sich ganz natürlich ein, wenn die Atmung regelmäßig ist und sich vertieft, Trägheit und Unruhe aufgelöst sind, die Gehirnaktivität sich verlangsamt und die Sinne nach innen gerichtet sind. Die Vervollkommnung der Asana Praxis kann ein Mittel zur menschlichen Perfektion sein, wenn die eigene Zielsetzung nicht leistungsorientiert, sondern stattdessen auf Selbstfindung fokussiert ist.

Kriya Yoga ist eine umfassende Gesundheitspflege

Kriya Hatha Yoga ist eine umfassende Gesundheitspflege, welche auf die vollständige Reinigung des gesamten Organismus hinarbeitet. Wir besitzen nicht nur einen physischen Körper, sondern auch vier feinere Hüllen oder Körper: den vitalen Körper, welcher der Sitz unserer Emotionen, Begierden und

Handlungsimpulse ist; den mentalen Körper, die Dimension, in der wir träumen, fantasieren und uns an die Wahrnehmungen unserer fünf Sinne erinnern und diese ordnen; den intellektuellen Körper, der noch subtiler ist und in dem wir abstraktes Denken und Einsicht erfahren; den spirituellen Körper, jene subtilste Dimension, in welcher der Zeuge in reinem, unveränderlichen Bewusstsein ruht. Die Praxis von physischen Haltungen kann alle diese fünf Körper auf ganzheitliche und synergetische Weise einbeziehen. Die feinstofflichen Körper stellen eine Brücke zwischen dem Physischen und unserer spirituellen Dimension dar. Mit ihrer Hilfe kann der physische Körper auf spirituelle Kraft, Licht und wahres Wissen zugreifen.

Ein Weg zu dem spirituellen Selbst

Kriya Hatha Yoga ist der Weg der Verwirklichung dieses wahren, inneren spirituellen Selbst durch einen physischen und mentalen Entwicklungsprozess. Jemand kann an einem Kriya Hatha Yoga Kurs teilnehmen und dabei nur ein Ziel im Kopf haben, wie z.B. Linderung von Rückenschmerzen. Die Rückenmuskulatur zu entspannen und zu kräftigen, funktionelle Störungen, wie Asthma, Diabetes oder Bluthochdruck zu überwinden, Schilddrüsenprobleme zu behandeln, oder auch Gewicht zu verlieren, können gute Gründe sein, um mit Hatha Yoga zu beginnen, denn solche Dinge kann man relativ einfach korrigieren. Allerdings kann Kriya Hatha Yoga auch die mentalen und spirituellen Fähigkeiten eines Praktizierenden, der nicht nur therapeutischen Nutzen sucht, weiterentwickeln. Die Haltungen können den Körper reinigen und energetisieren und den Geist beruhigen und meistern, wenn sie mit Konzentration auf den Atem und die psychischen Zentren (*Chakras*) im vitalen Körper praktiziert werden.

Die *Chakras* sind feinstoffliche, spirituelle Energiezentren, die längs der Körperachse angeordnet sind. Sie stimmen mit verschiedenen Nervengeflechten entlang des Rückenmarks des physischen Körpers überein, stellen allerdings ein Geflecht subtiler, aktivierter, positiver und negativer Energien dar, welche *Nadis* genannt werden. Die Zentren auf dieser subtilen, zentralen Achse unterliegen aufgrund der vitalen Lebensenergie (Prana, das Bioplasma des Lebens), die sie durchströmt, einer ständigen Veränderung. Die Siddhas haben diese sich drehenden Zentren als Räder, Lotusblüten, Bälle oder Eier beschrieben und bezeichneten sie als *Adharas* (Stützen, Schwellen oder spirituelle Pforten), wobei das einzige wahre *Chakra* das siebte Zentrum am Kopf in der Mitte des Scheitels, *Sahasrara* (tausendblättriger Lotus, Ort der Transzendierung), ist. *Sahasrara* ist das Ziel, kein Schritt auf dem Weg.

Jedes dieser Zentren ist ein Speicher von vitaler Energie und Bewusstsein. Wenn wir innig über diese Zentren entlang der Wirbelsäule meditieren, können sie stimuliert werden und daraufhin verborgenes Potential erwecken und es uns ermöglichen, den Geist und die Sinne zu meistern und höhere Bewusstseinsebenen zu erfahren. Die sechs *Adharas*, die in einer zentralen Linie verbunden sind und bestimmte Formen von Bewusstsein reflektieren, sind: *Muladhara*, zu finden am Damm, am unteren

Ende von *Sushumna Nadi*; *Svadhisthana* am Kreuzbein; *Manipura*, hinter dem Nabel gelegen; *Anahata*, hinter dem physischen Herzen; *Vishuddhi* im Hals; *Ajna*, Stirnzentrum, Mittelhirn. Am authentischsten ist es wohl, zu behaupten, dass unser Verhalten und unser Bewusstsein eine Mischung all dieser, sich in Bewegung und im Fluss befindlichen Zentren widerspiegeln. Die Siddhas raten uns, wahres Wissen über sie zu gewinnen, indem wir über sie meditieren.

Vereinigung durch „Ha" „tha" Yoga

Der Begriff *Hatha* leitet sich von zwei Grundklängen des Sanskrits ab, „ha" und „tha." Der „ha" Klang repräsentiert den pranischen Fluss physischer Energie in dem feinstofflichen, solaren Kanal (*Pingala Nadi*), die positive männliche Energie, die mit physischen Funktionen und der linken Gehirnaktivität assoziiert ist, etwas rechts von der Wirbelsäule, aber innerhalb des Vitalkörpers liegt und von dem Wurzel Adhara bzw. Muladhara ausgeht. Im physischen Körper lassen sich keine Nadis finden. Das „tha" steht für den Energiefluss durch den feinstofflichen, lunaren Kanal (*Ida Nadi*), der negative weibliche Strom, der mit dem Bewusstsein und der rechten Gehirnfunktion in Verbindung gebracht wird, vom Muladhara ausgeht und etwas links von der Wirbelsäule verläuft. Die Wurzelklänge „ha" und „tha" stehen für die zwei entgegengesetzten, alles durchdringenden Kräfte des Universums, *Prana* (sich nach oben bewegende Kraft des Bewusstseins) und *Apana* (sich nach unten bewegende Schwerkraft). Sie sind die polaren Gegensätze, die positiven und negativen Energieströme, die sich im Menschen manifestieren. Diese beiden Formen sind pranische Energie, die alles Leben ernährt und erhält.

Diese belebende Kraft (Bioplasma) wird mit dem Atem aufgenommen. Sie wird mit jedem Atemzug ein- und ausgeatmet. Sie ist kein Sauerstoff; kein Gas. Das Hauptziel beim Hatha Yoga ist, diese beiden kosmischen Kräfte im physischen Wesen auszugleichen. Wenn *Prana* und *Apana* in zwei der primären, subtilen Nadis, *Pingala* und *Ida Nadi* (die sich innerhalb der feinstofflichen Wirbelsäule befinden) in perfektes Gleichgewicht gebracht werden, wird Prana mit dem individualisierten Bewusstsein verschmelzen und in die dritte, stärker verfeinerte *Sushumna Nadi* (die sich mit dem Rückenmark deckt) übergehen. Sobald die beiden zu einem vereint sind, erwacht ein neuer, spirituell kraftvoller Strahl kreativer Energie (*Kundalini Shakti*). Das individuelle Bewusstsein dehnt sich aus und beide Gehirnhälften werden erweitert. Man beginnt, spirituelle Glückseligkeit zu verwirklichen, wenn Bewusstsein und Energie sich vereinen, wenn Geist und Materie verschmelzen. Die Praxis der achtzehn Asanas arbeitet direkt an dem Ausgleich von *Ida* und *Pingala Nadi*. Für die Siddhas bedeutet der Begriff Hatha Yoga die Regulierung des Atems bzw. die Vereinigung der beiden Atemströme zu dem einen.

Die Siddhas erklären uns, dass der Körper das mystische Zentrum ist, der heilige Korridor zu der unendlichen Realität und, dass Befreiung nur möglich ist, während man in ihm inkarniert ist. Jemand, der Kriya Hatha Yoga praktiziert, sollte dies in dem Bestreben tun, den Köper zu einem geeigneten Tempel für den Herrn zu machen, nicht nur im übertragenen, sondern auch im wörtlichen Sinne. Der Körper muss zu einem passenden Behältnis werden, bevor der göttliche Strahl von *Kundalini Shakti* erwacht. *Kundalini* kann mit einer leuchtenden Schlange verglichen werden, die am Ursprung des feinstofflichen Rückenmarks schlafend 3,5-fach um einen *Linga* (der aus sich selbst entstandene Phallus oder das kosmische Ei, der männliche Samen des Seins) gewunden ist. Der Körper und der Geist müssen vorbereitet werden, um diese göttliche potentielle Kraft und dieses Bewusstsein aufnehmen, kanalisieren und wohlwollend anwenden zu können. Falls der Körper und das Nervensystem nicht robust sind, wenn die Windungen der göttlichen Energie sich entfalten, wird der Körper ihre Manifestation blockieren oder die Energie wird die physischen und mentalen Systeme überlasten. Wir können den physischen Körper am besten gesund und das Nervensystem stark erhalten, indem wir Hatha Yoga zur Verehrung dieser göttlichen *Shakti* im Inneren mit Hingabe und im Streben nach dem Göttlichen praktizieren.

Die sieben Ziele von Kriya Hatha Yoga

Wir praktizieren Babajis Hatha Yoga System mit folgenden Absichten:
1) Entspannung; **2)** physisches Wohlbefinden und Bewirkung einer Homöostase im Körper, im Sinne von guter Organfunktion, dem Erreichen eines angemessenen Körpergewichts und dem Nähren der Körpergewebe; **3)** Reinigung des physischen Körpers, des Geistes und der subtilen Energien durch Eliminierung von Giften; **4)** Versetzen von Körper und Geist in einen Zustand der Ruhe und Meditation; **5)** Erweckung unserer potentiellen Kraft und unseres potentiellen Bewusstseins, der *Kundalini*, und Stärkung ihrer magnetischen *Shakti* Energie; **6)** Entwicklung von Losgelöstheit gegenüber äußeren Einflüssen und Ausbildung von Gleichmut; **7)** Schaffen von Bewusstheit für unseren göttlichen Ursprung, damit das Element des Selbst, welches im Körper eingebettet ist, als göttliche Seele (höchstes Bewusstsein) hervortreten kann. Solches Wissen und derartige Kraft können sich offenbaren, wenn die Haltungen ehrlich, aufrichtig, regelmäßig und mit Hingabe praktiziert werden.

1) Entspannung

Das erste Ziel unserer Praxis der 18 Haltungen ist Entspannung. Es ist wichtig, die Asanas langsam und mit Geduld auszuführen, damit die Muskeln sanft gedehnt und gekräftigt werden und die Gelenke geöffnet und gefettet werden. Wir lernen, An- und Entspannung im Gleichgewicht zu halten. Wir schaffen eine Balance zwischen Festigkeit und Beweglichkeit, wenn wir anfangen, nicht nur die oberflächliche, sondern auch die tiefe Muskulatur zu benutzen. Dabei werden der Muskeltonus und die Muskellänge gesteigert und die Nerven beruhigt und besänftigt, wodurch eine tiefe Entspannung eingeleitet wird. Asanas tonisieren durch ihre harmonischen Bewegungen den physischen Körper, während sie energetisch stimulierend wirken und die Entspannung verstärken.

Yoga beginnt dann, wenn keinerlei Zwang oder Anspannung vorhanden ist. Dies schließt den subtilen Stress der Frustration mit ein. Wenn man sich in eine Haltung hinein zwingt, oder Frustration erfährt, werden Spannungen im Körper und im Geist erzeugt, die den *Prana*fluss blockieren. Der Atem ist der sichere Zugangsweg zum Körper. Richtig übt man, wenn die gesamte Persönlichkeit sich anstrengt und eine intensive Konzentration auf ein bestimmtes Ziel - sich auf neue Art und Weise zu beugen und zu strecken - vorhanden ist. Nur dann wird der *Prana* ungehindert fließen.

Das Ziel von Kriya Hatha Yoga ist, die richtige Form der Kraftanstrengung zu finden, um Gleichgewicht und Entspannung im Körper, im Atemfluss und im Geist zu bewirken. Durch Koordination von Atem und physischer Bewegung wird die Herzfrequenz verlangsamt, werden die Nerven beruhigt und tonisiert, wird das gesamte System entspannt und der Geist passiv. Diese Synchronisation versorgt das Blut mit mehr Sauerstoff, setzt eine größere Menge an Kohlendioxid aus den Muskeln frei und löst muskuläre Verspannungen auf. Stresssignale (Dehnungsreflexe), die normalerweise an das Gehirn weitergeleitet werden, wenn ein Muskel gedehnt wird, werden ausgesetzt, da die Muskeln auf die richtige Art und Weise gedehnt werden. Die Muskeln entspannen sich und die Beweglichkeit nimmt zu, sobald Störungen im Körper und im Geist beseitigt werden. Tiefes und rhythmisches Atmen steigert die pranische Energie, wodurch Muskelkraft und -ausdauer gefördert werden, und sorgt für Stabilität und Behaglichkeit bei den Asanas.

Indem man den Atem bewusst beobachtet und zu verhärteten Stellen in der Muskulatur lenkt, werden die Muskeln und Gelenke gefahrlos gedehnt. Bei jeder Einatmung wird auf natürliche Weise universelle Lebensenergie im Körper angesammelt und diese kann bewusst gesteuert, um blockierte und angespannte Regionen während der Ausatmung zu nähren. Bei jeder Ausatmung werden die Muskelfasern entlastet, wobei sich Anspannung und Festigkeit lösen können. Länger aus- als einzuatmen, wird diese „Entspannungsreaktion“ verstärken.

Durch die Anwendung eines als *Ujjayi* (der siegreichen oder wie Meeresrauschen klingenden Atmung) bekannten Pranayamas kann man eine noch tiefere Entspannung bewirken. *Ujjayi*-Atmung nimmt die gesamte Persönlichkeit in Anspruch und beseitigt Spannungen, die sichtbar werden, wenn man sich tiefer in die Haltungen hinein begibt. Sie stimuliert das parasympathische Nervensystem, welches für Beruhigung und Entspannung sorgt. *Ujjayi*-Atmung wird auch als Seelenatmung bezeichnet, da sie auf psychischer Ebene zutiefst entspannend wirkt. Sie zieht die Sinne unmittelbar von der äußeren Welt ab und beeinflusst den *Prana*fluss in den subtilen Kanälen des Körpers, *Ida* und *Pingala*, die innerhalb der feinstofflichen Wirbelsäule liegen. Bewusstheit wird Teil des Prozesses.

Bei *Ujjayi* atmet man ausgedehnt, langsam und tief durch die Nase (niemals durch den Mund) und fokussiert seine Aufmerksamkeit dabei auf den Hals. Durch eine leichte Verengung hinter der Kehle, auf Höhe der Stimmritze, wird ein zischendes Geräusch erzeugt. Der Rachen wird so zusammengezogen, als ob man eine Flüssigkeit gurgeln wollte. Diese Konstriktion verengt den Luftweg, wodurch

Reibung entsteht und folglich der Atemfluss kontrolliert wird. Sowohl Ein- als auch Ausatmung werden verlängert. Diese Muskelkontraktion lässt ein langes „aaah“ hinter der Kehle erklingen, ein dem Meeresrauschen ähnelndes Geräusch. Wenn es innerlich vernommen wird, wirkt es beruhigend auf den Geist. Die Praxis dieser bewussten Atmung bei deinen Asanas wird die Entspannung in deinen Muskeln vertiefen. Außerdem wird dafür gesorgt, dass mehr an Lebensenergie aufgenommen und für den normalen Gebrauch gespeichert wird.

2) Wohlbefinden und körperliche Homöostase

Der zweite Nutzen einer regelmäßigen Kriya Hatha Yoga Praxis ist die Aufrechterhaltung der eigenen Gesundheit und des physiologischen Gleichgewichts im Körper. Die Asanas und der Atem fördern die Gesundheit der Körpergewebe. Die Asanas erhalten die Gewebe gesund, indem sie die Versorgung mit Nährstoffen über die Sekrete der Hormondrüsen stimulieren, Abfallprodukte beseitigen und die gesunde Funktion der Nervenverbindungen steigern. Die Haltungen leiten eine systematische Kräftigung des Muskel-, Nerven-, Verdauungs- und Ausscheidungs-, Herz-Kreislauf-, Atmungs-, Fortpflanzungs- und Hormonsystems ein. Die Aufmerksamkeit wird auf die Körpergelenke gerichtet, um Spannung und Steifheit zu reduzieren und ihre Schmierung zu verbessern. Die Gesundheit und die Beweglichkeit der Gelenke können durch regelmäßige Praxis in einer relativ kurzen Zeit wiederhergestellt werden. Alle Asanas erhalten die Wirbelsäule geschmeidig, wodurch ein optimaler Energiefluss durch die Nerven, die Organe und das Drüsensystem erzeugt wird. Kriya Hatha Yoga kräftigt Knochen, Gelenke, Muskeln, Bindegewebe und Organe und reduziert Fettgewebe und das alles, um den Körper jugendlich und in harmonischem Gleichgewicht zu erhalten.

Regelmäßige Asana- und Pranayamapraxis wird die chemischen Vorgänge im Gehirn verändern und emotionale Ausgeglichenheit und Harmonie fördern. Yoga dämpft bekanntermaßen die Dopaminausschüttung in den Basalganglien. Dadurch werden heftiges Verlangen und negative emotionale Zustände unterdrückt. Zusätzlich regen Asana und Pranayama die Ausschüttung von Endorphinen an, die wie natürliche Schmerzmittel wirken und ein allgemeines Wohlbefinden hervorrufen. Das autonome Nervensystem wird durch die wechselnden Druckänderungen in den inneren Organen stimuliert. Die Aktivität des sympathischen Nervensystems wird herabgesetzt, sodass der Körper nicht so schnell von Stresshormonen überflutet wird. Die Funktion des parasympathischen Nervensystems wird verbessert. Blutdruck und Herzfrequenz werden gesenkt, die Atmung wird ruhig, langsam und tief und alle Systeme können sich rasch normalisieren. Man kann besser entspannen, verdauen, schlafen und reflektieren. Sobald ein autonomes Gleichgewicht erreicht ist, stellt sich auch emotionale Stabilität ein. Das Nervensystem überreagiert nicht bei jedem Zwischenfall. Der Blutdruck steigt nicht bei jedem Streit an und auch das Herz pocht nicht schneller, weil man sich etwas verspätet und Angst hat, den Bus oder das Flugzeug zu verpassen.

Die größten Vorteile von Yoga ergeben sich aus der An- und Entspannung sowie der Massage der Gewebe, wobei Giftstoffe beseitigt und die vitale Lebensenergie im gesamten Körper erneuert und reguliert wird. Sich selbst lediglich in eine Yoga Haltung hinein zu zwingen, hat wenig Nutzen. Gesundheit und Vitalität sind Folge der Freisetzung von *Prana* und der Steigerung seines Flusses, jener elementaren Lebensenergie, die in der Haltung erzeugt wird. Der *Prana* gleicht den Körper aus und nährt ihn, wodurch er aktiv, gesund und dynamisch wird. Asana hilft, die verhärteten und steifen Bereiche des Körpers, in denen der *Prana* blockiert oder gehemmt ist, zu lokalisieren und zu massieren. Tiefgehende, rhythmische Bewegungen (*Kriyas*) und entspanntes, bewusstes Atmen vermehren den *Prana* und lenken ihn zu diesen Arealen, wodurch sie genährt und geheilt werden und die Vitalität gesteigert wird. Die Praxis von Bewusstheit macht *Prana* außerdem auf subtilerer Ebene zugänglich und ermöglicht, seinen Fluss effektiver zu lenken. Der Alterungsprozess setzt ein, wenn die vitale Energie abnimmt. Das Individuum wird träger. Schlaffe Muskeln und Haltungsfehler lassen den Körper an Spannkraft verlieren. Flüssigkeiten und Gewebe trocknen aus und funktionelle Störungen der Organe und Systeme entstehen. Regelmäßiges Üben von Kriya Hatha Yoga erhält die Jugendlichkeit aller Körpersysteme, weil dadurch die vitale Energie gesteigert und in den Geweben gespeichert wird und diese von Giftstoffen befreit werden.

Diese aus 18 Haltungen bestehende Übungsreihe baut Mikrobewegungen, oder *Kriyas*, in jedes Asana ein und auf jede statische Haltung folgen eine Entspannung und eine spezielle Gegenhaltung. Die *Kriyas* lockern den Körper, vertiefen die Haltung und steigern die Zirkulation von oxygeniertem Blut und Lymphflüssigkeit in den Geweben. Die *Kriyas* helfen auch dabei, venöses Blut, stagnierte Lymphe und Abfallprodukte aus den Geweben abzutransportieren. Entspannung und Gegenhaltungen stellen sicher, dass die aus den Geweben freigesetzten Giftstoffe den Ausscheidungsorganen zugeführt werden und Sauerstoff, Blut und Lymphflüssigkeit vollständig im Körper zirkulieren. Die Energie kann sich nicht anstauen, da sie in der Gegenhaltung weiterbewegt wird. Es entsteht ein muskuläres Gleichgewicht und es kommt zu einer Konsolidierung der gesteigerten, magnetischen Energie.

Man verbleibt etwa zwei Minuten lang in einer jeden Haltung, soviel Zeit ist erforderlich, um das Bindegewebe zu dehnen, die inneren Organe sanft zu massieren, die Nerven zu entspannen und Erleichterung zu erfahren. Auf jede Haltung folgt eine totale Entspannung von dreißig Sekunden (normalerweise nicht länger). Dies stellt sicher, dass die eigene Yoga Praxis die neue Zirkulation integrieren und das Gefühl von Heilung und Wohlbefinden verstärken wird.

3) Reinigung des physischen Körpers, des mentalen Körpers und der feinstofflichen Sinne

Hatha Yoga ist ein stressfreies System der Reinigung und Entgiftung. Die 18 Haltungen stellen eine konzentrierte, intensive Reinigungspraxis dar, die Bewusstheit, Konzentration und Anstrengung erfordert. Die Haltungen sind so effektiv, weil sie ganzheitlich wirken. Sie beeinflussen unsere Anatomie und Physiologie direkt und gleichzeitig auch unsere emotionalen, mentalen und spirituellen Dimensionen. Durch eine regelmäßige Kriya Hatha Yoga Praxis können viele Störungen und Unregelmäßigkeiten behoben werden.

Aufgrund der Verschmutzung unserer Atemluft, den Zusätzen in unserer Nahrung und dem Stress in unserem Leben sind unsere Körper mit Substanzen beladen, die gesundheitliche Probleme verursachen. Regelmäßige und richtige Hatha Yoga Praxis wird Giftstoffe aus allen Zellen deines Körpers entfernen. Während wir unseren Körper bewegen, drehen, massieren und Energie durch ihn bewegen, werden unsere Organsysteme gereinigt. Asana Praxis erwärmt den Körper, da die Durchblutung gesteigert wird. Eine Qualität von Reinigung ist Wärme. *Ujjayi Pranayama* während der Asanas wird den Erwärmungseffekt im Körper verstärken.

Nicht nur physische, sondern auch emotionale Reinigung kann sich auf natürliche Weise als Resultat einer regelmäßigen und tiefgründigen Asana Praxis ergeben. Emotionale Erinnerungen und seelischer Schmerz schlagen sich auf unterschiedliche Anteile unseres physischen Körpers nieder und sind oft für körperliche Anspannung, Entzündungen und Schmerzen verantwortlich. Jeder mentale Widerstand, jede Emotion und jeder seelische Schock, der/die in einem verhärteten Areal des Körpers gespeichert ist, kann aufgelöst werden, wenn diese Region bewusst und ausreichend lange stimuliert und mit Prana genährt wird.

Das Ziel unserer Kriya Asana Praxis ist nicht, schnellen Erfolg bei der Ausführung schwieriger Asanas zu haben. Das Ziel ist, jedes Asana bequem einnehmen und lange genug beibehalten zu können, um zu ermöglichen, dass sich der Körper von Giftstoffen und der Geist von Widerständen befreien kann. Oft ist es so, dass man gleich zur Endstufe eines Asana übergeht, aber sie schnell wieder verlassen muss. Bei der Ausführung eines jeden Asanas sollte man eine Position mit ausreichend Spannung anstreben, bei der man die Dehnung zwar gänzlich spüren kann, die aber bequem genug ist, um sie beibehalten zu können. Behaglichkeit hängt mit der Ausrichtung und der Stabilität in der statischen Haltung zusammen. Richtiges Atmen ermöglicht, Spannungen beim Ausatmen abzubauen und aufzulösen. Atme so langsam und so tief, wie es in dem Asana möglich ist, und bleibe auf die inneren Empfindungen der Dehnung konzentriert. Die Körperzellen können selbst von tiefsitzendem seelischen Schmerz und Trauma befreit werden.

Die Siddhas erklären uns, dass die Seele mit drei Unreinheiten oder Makeln, *Malas* genannt, in den physischen Körper eintritt. Diese sind *Anava Mala* (Egoismus), *Maya Mala* (begrenzende Erscheinungen des Lebens in der Welt) und *Karma Mala* (gegenwärtige Situationen, die auf Handlungen in der Vergangenheit zurückzuführen sind). Die Siddhas sagen, dass die spirituelle Dimension alles an Materie hervorbringt und, dass jede Krankheit aufgrund dieser drei Unreinheiten ihren Ursprung im spirituellen Körper nimmt. Der spirituelle Körper beherbergt die oben genannten Unreinheiten und erwirbt noch mehr, die unseren Geist und unseren vitalen Körper widerspiegeln, die den zwei alternierenden Kräften der Natur, bekannt als *Tamas Guna* (Merkmale oder Qualitäten wie Trägheit, Faulheit, Dunkelheit, Zweifel, Angst, Gleichgültigkeit und Depression) und *Rajas Guna* (Qualitäten wie Erregung, Unruhe, Schmerz, Aktionismus, Zerstreuung, Begierde und Wut), unterliegen. Diese Unreinheiten verzerren unsere Sicht der Welt und haben enorme Auswirkungen auf den mentalen, den emotionalen und den physischen Körper, die sich gegenseitig mit ihren Gefühlen und Impulsen durchdringen. Deshalb muss jede Bemühung, ihre Dominanz durch Reinigung des physischen Körpers zu überwinden, auch den vital-emotionalen, den mentalen, den intellektuellen und den spirituellen Körper einbeziehen. Yoga Asanas, Mudras, Bandhas, Mantras und Hingabe können wirkungsvoll angewendet werden, um eine Reinigung auf allen Ebenen unseres Wesens zu bewirken. Das Ziel von Yoga ist, das gesamte Wesen zu heilen und dabei Gleichgewicht, Frohmut, Wissen bzw. intellektuelle Beständigkeit, Klarheit, Zufriedenheit und Mitgefühl (alles Qualitäten von *Sattva Guna*) zu erreichen.

Für solch eine ganzheitliche Reinigung muss man sich einer intensiven, konzentrierten Praxis unterziehen.

Yogis wissen, dass wir alles – ob positiv oder negativ - zu einem festen Bestandteil unseres Denkens und unserer Persönlichkeit machen können, wenn wir es mehrmals wiederholen und uns immer wieder anstrengen. Man muss sich einer intensiven, konzentrierten Praxis unterziehen, um den Geist und den Körper zu stärken, zu reinigen und zu disziplinieren. Wir können eine Gewohnheit bzw. unseren Charakter verändern, indem wir einfach nur die Asanas immer und immer wieder praktizieren, bis die Praxis nicht länger eine Anstrengung darstellt. An diesem Punkt bekommt unsere Praxis eine transformative Wirkung. Wir können Faulheit, Trägheit, Nachlässigkeit und andere geistige Konditionierungen durchbrechen. Wir können die negativen Gewohnheiten unseres Geistes (*Samskaras*) verändern, die ihrerseits einen Großteil unseres Karmas bestimmen. Auf diese Weise kann unsere Asana Praxis negatives Karma abbauen. Alles, was wir tun, jede Handlung, die wir mit unserem Körper ausführen, setzt sich in unserem Geist fest. Jedes Mal, wenn wir uns dafür entscheiden, unsere Yoga Praxis zu machen, stärken wir unsere Willenskraft. Umgekehrt fördern wir Faulheit, wenn wir sie vernachlässigen. Jede einzelne Handlung wird zu einem Samen der Selbstermächtigung in allen Bereichen unseres Lebens.

Nehmen wir z.B. Faulheit. Yoga kann dazu genutzt werden, Faulheit zu beseitigen und die karmischen Auswirkungen der Faulheit auf den Körper zu beheben, wie beispielsweise Fettablagerungen und Verhärtungen. Entweder du trägst das Karma mithilfe der Haltungen ab, oder du zahlst letztlich mit überschüssigem Fett, Krankheit oder Leiden dafür. Betrachte deinen eigenen Körper. Wo haben die Aktionen und Reaktionen deines Geistes Fett abgelagert und/oder Verhärtungen entstehen lassen? Du kannst daran arbeiten, sie zu beseitigen, als eine Form der karmischen Reinigung und zur Ausbildung von Disziplin, Geduld und Ausdauer.

Du investierst etwas Zeit und Mühe, nimmst vielleicht sogar leichte körperliche Unannehmlichkeiten auf dich, tilgst etwas an Karma und ziehst den Nutzen daraus, dieses Karma beseitigt zu haben. Yogis sagen, mache jene Dinge, die du ungere tust, frei- und bereitwillig; anderenfalls wird es zu einem Muss. Die yogische Redensart lautet: „Was auch immer du nicht gerne tust, mache es freiwillig."

4) Die Haltung vervollkommnen, indem man Körper und Geist in einen „regungslosen Zustand“ versetzt

Der Hauptzweck unserer Asanapraxis ist „Entspannung“, jedoch reicht unsere Zielsetzung über die gewöhnliche Definition des Begriffs hinaus. Unsere Ziele sind Unbewegtheit und geistige Stille. Wir suchen den Zugang zur Verwirklichung unseres wahren, spirituellen Selbst mit all seiner potentiellen Kraft und all seinem potentiellen Bewusstsein. Um diesen Zustand der Unbewegtheit zu erreichen, müssen wir uns zuerst von der Ruhelosigkeit im Körper befreien. Die Erfahrung von Stille ist nicht die Folge eines durch Trägheit bewirkten Stillstands der Energie, sondern die eines Energieanstiegs, eines Einströmens und Zirkulierens von Kraft. Ein Asana zu meistern, bedeutet, starke Energiezunahmen aushalten und diese Kraft leicht ertragen zu können. Die Lebenskraft wirkt machtvoll, aber in einer vereinigenden Bewegung auf einen stillen, passiven, von Ruhelosigkeit befreiten Körper. Ein Körper, der an die spirituelle Kraft gewöhnt ist, wird leichter, lebhafter und schließlich auch von Licht erfüllt und ruhig.

Vervollkommnung bei der Asana Praxis wird durch mühelosen Kraftaufwand und Stille erreicht. Wir können beliebig lange ruhig und stabil in einer Haltung verbleiben. Wir übertragen die Dehnung tief in den Körper hinein. Wir benutzen nicht nur die oberflächlichen Muskeln, sondern auch die tieferen Schichten. Das Äußere des Körpers wird durch die Dehnung fest und straff, aber im Inneren fühlt sich der Körper weicher, fließend und in Bewegung versetzt an. Die feinstofflichen Kanäle werden dazu angeregt, mehr *Prana* zu befördern. Folglich fühlen wir uns innerlich unterstützt. Dies entlastet das Herz-Kreislauf- und das Atmungssystem. Asana schafft dem *Prana* im Körper mehr Raum und ermöglicht dadurch Heilung und tiefste Entspannung.

Stabilität und Stille erzielt man, indem man bei den Haltungen *Bandhas* (Muskelblocks) und *Mudras* (Gesten) einsetzt. Bandhas bewirken ein natürliches Gleichgewicht zwischen An- und Entspannung und sorgen dafür, dass die Körperachse gerade bleibt. Sie erzeugen eine größere Spannung in den Muskeln, unterstützen das Iliosakralgelenk und die Lendenwirbelsäule und heben den Brustkorb an. Sie verstärken den Energiefluss. So kann man mühelos für längere Zeit in den Haltungen verbleiben. Es kann sein, dass man die neue Kraft einer pulsierenden Energie im Inneren spürt.

Mudras helfen uns, mit den unterschiedlichen *Prana*flüssen im feinstofflichen Körper in Kontakt zu kommen. Eine Mudra wirkt wie ein Energieschaltpult, durch das ein bestimmter Energiekreislauf errichtet wird, der mentale und physische Stille ermöglicht. Eine Mudra kann eine physische oder energetische Schwingung, eine Geste oder eine Haltung sein, die uns dabei hilft, kontrollierte seelische Zustände zu erreichen. Ohne Mudras können wir keine Meditation erfahren. Meistens werden Mudras als Haltungen der Finger und der Hände, als Gesichtsausdrücke oder Stellungen der Augen und der Zunge angesehen. Darüber hinaus sind sie aber auch energetische Ausdrucksformen oder Empfindungen, die im Körper wahrgenommen werden können. Mudras können auch durch eine Kombination von Asanas und Bandhas erzeugt werden.

Bandhas sorgen sowohl für Sicherheit als auch für Effektivität bei den Asanas. Ein Bandha entsteht, wenn Organe und Muskeln kontrahiert und kontrolliert sind. Bei *Mula Bandha* werden die Beckenbodenmuskeln zusammengedrückt (v.a. der Musculus pubococcygealis, der vom Schambein zum Steißbein verläuft). *Uddiyana Bandha* zieht den Bauchnabel nach innen und das Zwerchfell nach oben. Bei *Jalandhara Bandha* wird der Hals nach vorne geneigt. Bei *Maha Bandha* werden alle drei Kontraktionen miteinander kombiniert. Sie können ganz natürlich in die Haltungen integriert werden. Bandhas erzeugen eine psycho-muskuläre Energiekontraktion, die den Energiefluss im physischen und im feinstofflichen Körper umleitet. Sie dienen dazu, den physischen Körper zu nähren und ihn mit dem mentalen und dem psychischen Körper zu verbinden und auf sie auszurichten. Die Bandhas können pranische und mentale Energie freisetzen, die mit den energetischen Zentren in der Wirbelsäule und im Gehirn assoziiert ist.

Bandhas sorgen dafür, dass das gesamte System harmonisch arbeitet, sodass weniger Energie gebraucht und gleichzeitig mehr Energie freigesetzt wird. Auf körperlicher Ebene kann ein Bandha das Zusammendrücken der Beckenbodenmuskeln und/oder das Anspannen des Bauches und des Solar Plexus beinhalten. Diese Kontraktionen werden einen Effekt auf das Nerven- und das Kreislaufsystem haben. Sie gleichen das autonome Nervensystem aus, senken den Blutdruck, fördern die Atmung und die Durchblutung und erhöhen die elektromagnetische Energie. Sie massieren die inneren Organe und regen die Hormondrüsen an, deren Sekrete für allgemeines Wohlbefinden sorgen. Bandhas können das Nervensystem vor Überlastung schützen.

Nutze die Wirbelsäulenatmung, bringe den Körper, den Geist und den Atem zur Ruhe und erwecke ein erweitertes Bewusstsein.

Da die Atemenergie (grobstofflicher *Prana*) und die Gedankenenergie (feinstofflicher *Prana*) direkt miteinander verbunden sind, dient die Atmung als Brücke zwischen dem Körper und dem Geist. Indem du die Atmung regulierst, kannst du deine Gedanken verlangsamen oder sogar zum Schweigen bringen. Durch den Gebrauch von Wirbelsäulenatmung und *Ujjayi Pranayama* kannst du anfangen, bewusst die Kontrolle über deinen Geist zu übernehmen. Indem du deine Ein- und Ausatmung aufeinander abstimmst und deine Aufmerksamkeit und Energie entlang der Wirbelsäule lenkst (Wirbelsäulenatmung), oder sie auf einen Ort konzentrierst, kannst du das Bewusstsein auf einen einzigen Punkt richten. Dieses konzentrierte Bewusstsein wird den Geist in einen natürlichen Zustand der Meditation versetzen. Visualisiere beim Einatmen, wie du Energie entlang deiner Wirbelsäule nach oben führst. Stelle dir beim Ausatmen vor, dass sich diese Energie in deinem gesamten Körper ausdehnt. Verwende *Ujjayi*, um dein Bewusstsein nach innen gerichtet zu halten und der *Prana* wird deiner Aufmerksamkeit folgen. Wenn das Bewusstsein innerlich auf den Atem in der Wirbelsäule fokussiert bleibt, wird der Geist allmählich diese feinstofflichen Energien wahrnehmen.

5) Asanas verfeinern den Körper und bringen uns als menschliche Wesen einer subtileren energetischen Existenz näher

Sowie wir bei unserer Asana Praxis Fortschritte machen, werden wir wahrnehmen, dass Mikroschwingungen im Körper entstehen. Wenn das Asana natürlich, einfach und mühelos wird, antwortet die Energie im Inneren. Wir spüren vielleicht, wie sich Energie nach oben und nach unten, nach außen und nach innen oder spiralförmig bewegt. Wir erfahren mehr Raum im Körper. Wir beginnen, uns hohl und leer zu fühlen, wie eine mit Bewusstsein und Energie gefüllte Schale. Diese Energie ist dynamisch und fühlt sich transformativ an.

Die Praxis von Kriya Hatha Yoga ist eine kraftvolle Methode, um vitale Dynamik im Körper aufkommen zu lassen. Allerdings kann eine Haltung perfekt aussehen und trotzdem keinerlei pranischen Fluss anregen. Übermäßig bewegliche Menschen können sogar schwierige Haltungen mühelos einnehmen, ohne dass es dabei zu einer Energiezunahme kommt. Man darf Asanas nicht auf eine Turnübung reduzieren. Ein Asana erfordert ein Gleichgewicht an Stärke und Flexibilität und Bewusstheit für die dabei fließende Energie. Ein Asana muss für eine Kraftsteigerung sorgen und den *Prana* lenken, um Gewebe zu heilen und zu regenerieren und das Bewusstsein auszudehnen. Indem man sich auf die Wirbelsäule, oder besser noch darauf konzentriert, vitale Energie in der Wirbelsäule zu erwecken, kann ein Asana korrigiert, perfektioniert und gemeistert werden.

Kriya Hatha Yoga unterstützt die Erweckung von *Kundalini*. Obwohl die *Prana Shakti* von *Kundalini* uns die Gesamtheit aller Erfahrungen und Aktivitäten unseres Lebens durchlaufen lässt, nutzen wir nur einen Bruchteil ihrer Kraft und Stärke. Die Siddhas sagen, dass diese Energie in uns *Sat*, materielle Existenz, und *Chit*, Bewusstsein, ist. Es handelt sich dabei um nichts Geringeres als einen Strahl des Göttlichen, so hell leuchtend wie zehntausend Sonnen, eine Art Lichtblitz in der Wirbelsäule. Die Kraft der *Kundalini* kann nicht nur alles in Bewegung versetzen, sondern auch alles zum Stillstand bringen, da die Impulse von *Kundalini* feiner sind als jedes bisher entdeckte materielle Partikel. Als Folge des Erwachens von *Kundalini* und ihres Aufsteigens in *Sushumna Nadi*, wird der Geist konzentriert und genau auf einen einzigen Punkt in Zeit, Raum und Abfolge abgestimmt. Der gesamte Körper wird fest.

Laut den Siddhas wird der gesamte Körper gefestigt und schwankt nicht, vergleichbar mit der biblischen „Flamme in einem Raum, in dem kein Lufthauch weht", sobald die *Kundalini* beständig und unerschütterlich ist. Alles wird ruhig und sicher – die Stimme, die Augen, das Gehör, die Sinne, die Worte, der Geist, die Körperhaltung, der Stand, die Sitzhaltung – alles. Die Perfektion der Haltungen ruft Stille in unserem Geist hervor. Ein Asana zu vervollkommnen, bedeutet, dass in uns keinerlei Bewegung mehr vorhanden ist.

6) Ein Mittel zur Ausbildung von Distanziertheit gegenüber äußeren Einflüssen und zur Entwicklung von Gleichmut

Ein Kriya Hatha Yoga Schüler sollte verstehen, dass es letztendlich der Geist ist, der seine Asana Praxis stört. Die Siddhas meinen, dass die falsche Entscheidungsfindung des Geistes der Grund für all die Probleme im Leben eines Menschen ist. Der Geist ist es, der berichtigt und beherrscht werden muss. Asana Praxis kann dabei helfen, den Geist zu disziplinieren und zu korrigieren. Wenn die Asanas gemeistert werden, sollte man nicht nur Veränderungen in der Körperhaltung und der physischen Beweglichkeit bzw. Kraft bemerken, sondern auch in der Art und Weise, wie der Geist arbeitet und die Emotionen auf Situationen reagieren.

Man kann Asanas dazu benutzen, aufgewühlte Emotionen zu beruhigen. Den eigenen Körper still zu halten und sich dabei auf die Atmung zu konzentrieren, verändert die Hirnchemie. Wie bereits erwähnt, reduziert Yoga die dopaminerge Aktivität in den Basalganglien und infolge dessen werden Gelüste und negative emotionale Zustände unterdrückt. Zusätzlich leiten Asanas in Verbindung mit Pranayamas die Ausschüttung von Endorphinen ein, die Schmerzen lindern und für allgemeines Wohlbefinden sorgen.

Eine disziplinierte und frohsinnige Asana Praxis kann dabei helfen, Emotionen generell zu zügeln. Regelmäßig praktiziert wird Kriya Hatha Yoga dein emotionales Leben mit mehr Frieden und Gleichmut erfüllen. Du lernst, wahrzunehmen, was in deinem Körper geschieht, und darauf zu hören, anstatt nur auf Störungen zu reagieren. Du beginnst, ganz selbstverständlich einen Teil deines Bewusstseins abzuspalten, sodass du beobachten kannst, wie Empfindungen, Gedanken und Emotionen in dir aufkommen. Du lernst, sie als etwas zu sehen, das irgendwie von dem getrennt ist, wer du bist.

Zu lernen, der Beobachter dessen zu sein, was du gerade denkst, fühlst oder tust, schafft die Zeit und den Raum, die notwenig sind, um zu unterscheiden und sich zu distanzieren. Du wirst geistig und emotional disziplinierter. Du stellst fest, dass du nicht mehr so leicht durch körperliches Unbehagen, Wärme oder Kälte, Schmerz oder Freude, Vorlieben oder Abneigungen, Verlangen oder Zufriedenstellung und Lob bzw. Tadel abgelenkt wirst. Auch die Asana Praxis bietet dir eine wundervolle Möglichkeit, diese Gegensatzpaare zu überwinden.

Um ein Asana zu meistern, muss sich der Körper in vollkommener Balance befinden. Der Körper ist regungslos und entspannt und der Geist ist auf einen Punkt fixiert. Um ein Meister des Yoga zu sein, muss der Geist ganz ruhig sein und das Gleichgewicht bei allen Aspekten des Lebens erhalten bleiben. Die Beherrschung einer Haltung kann zur Meisterung des Lebens führen, wenn die eigene Praxis Disziplin und Willenskraft auf allen Ebenen des eigenen Wesens ausgebildet hat. Dies ist die großartige Lehre der Siddhas: „Die Menge an Glück im Leben ist proportional zur eigenen Disziplin."

7) Eine Methode, um Bewusstheit unseres göttlichen und unendlichen Ursprungs herbeizuführen

Ein Asana zu meistern, bedeutet, Angestrengtheit zu entspannen und den Geist auf die ausdehnenden Qualitäten des Unendlichen - reines Empfinden, reine Schwingung - auszurichten. Die unsterblichen Siddhas sagen, dass das Bewusstsein eines Yogis der kompletten, im gesamten Universum vorhandenen Lebenskraft entspricht und, dass der verwirklichte Yogi an die unbegrenzte, unendliche, im grenzenlosen Universum existierende Lebensenergie angeschlossen ist und durch sie denkt, spricht, handelt und lebt.

Aber was ist mit uns anderen? Können wir Normalsterblichen das Unendliche erfahren? Ja. Erstens, können wir sogar durch unsere Kriya Hatha Yoga Praxis lernen, uns selbst als „energetische Wesen" wahrzunehmen. Wir können erkennen, dass der physische Körper aus Energie und leerem Raum besteht und, dass unser Sein mehr Energie als Materie ist. Wir sind *Das*, was von einem reglosen Gebilde Besitz ergriffen und es belebt hat. Unser lebendiges Wesen ist reine Encrgic.

Zweitens, können wir das Unendliche erfahren, indem wir unsere Praxis zu einem Ritual der Verehrung (Kriya) machen und die Absicht haben, eine Vision des Selbst im Inneren zu entwickeln. Die *Rishis* (Yogis) erklären, dass ein Mensch nur eine einzelne Haltung meistern, in ihr etwa drei Stunden lang verbleiben und dabei den Geist in Meditation über ein grenzenloses Objekt halten muss, um ein Stadium von „*Asana Siddhi*", von *Samadhi*, von kognitiver Versenkung, zu erreichen.

Noch bevor man bewegungslos drei Stunden lang in einer Haltung verharren kann, ist es möglich, unendlichen Raum zu erfahren. Man muss sich einfach nur dazu entschließen, bei seiner Praxis bewusst zu bleiben.

Auf körperlicher Ebene solltest du auf die Position deiner Wirbelsäule achten. Halte deine Wirbelsäule gerade, deine Bauchmuskeln angespannt, deinen Beckenboden angehoben und deinen Atem tief und entspannt, damit der grobstoffliche *Prana* zunimmt. Entspanne dich in die *Ujjayi*-Atmung hinein. Beobachte, was in deinem Körperinneren geschieht und lenke feinstofflichen *Prana* in jede Verhärtung hinein. Halte deinen Geist so ruhig und passiv wie möglich. Lasse zu, dass sich deine Bewusstheit auf einen Punkt ausrichtet und konzentriere dich darauf. Wenn du erfährst, dass die Sinne still werden, der Geist sich beruhigt und die Atmung sich verfeinert, kannst du im Sein verweilen. Beobachte mit einem auf einen Punkt konzentrierten Geist den Fluss des *Prana* und den Atem, wie er beginnt und endet und wieder von neuem einsetzt. Werde dir dessen bewusst, was bewusst ist; d.h. werde dir des konstanten Gefühls der Präsenz gewahr und richte dich immer mehr auf deine wahre Natur aus.

Kapitel 3
Die Serie der 18 Haltungen

Die Haltungen praktizieren

Stelle dich gerade hin und deine Füße hüftbreit auseinander. Drehe die Fersen nach innen, sodass sie sich berühren. Deine Füße stehen in einem 30° Winkel zueinander. Spreize deine Zehen, um dein Gewicht besser auszubalancieren. Die kleinen Zehen beider Füße sollten den Boden berühren. Drücke die Fersen und die Ballen beider Füße sanft nach unten. Dieser Druck gegen den Boden wirkt der Schwerkraft entgegen. Dein Körper wird sich daraufhin leichter anfühlen, da deine Muskelenergie zunimmt. Deine Beine sind gerade, aber die Knie dabei nicht durchgestreckt. Die Beine werden von einem Gefühl der Entspannung durchzogen. Spanne deine Oberschenkel an; sowohl deine Beinbeugemuskulatur als auch deine Quadrizeps-Muskeln kontrahieren sich. Spanne deinen Beckenboden an. Dabei drückst du genau die Muskeln zusammen, die du benutzen würdest, um eine Harnblasenentleerung zu verhindern. Ziehe dein Nabelzentrum nach innen, sodass sich die unteren Bauchmuskeln anspannen. Diese beiden Muskelkontraktionen stabilisieren deinen unteren Rücken und lassen deine Wirbelsäule gerade werden.

Öffne deine Schultern, indem du deine Schulterblätter nach unten ziehst. Lasse deine Arme entspannt neben deinem Körper hängen. Deine Brust ist geöffnet. Dein Brustkorb hebt sich, sodass er nicht mehr auf deinem Bauch aufliegt. Blicke geradeaus. Stelle dir vor, dass sich der Scheitel deines Kopfes leicht abhebt. Führe deine Hände in Gebetshaltung in der Mitte deiner Brust zusammen (*Vanekom Mudra*). Deine Daumen drücken gegen dein Brustbein.

Atme tief ein und chante das Mula Mantra, *Om Kriya Babaji Nama Aum*. Das Chanten des Mula Mantras wirkt wie ein natürliches Beruhigungsmittel. Es besänftigt und zentriert den Geist. Es erzeugt eine unmittelbare Verbindung zwischen Körper und Geist, wodurch der Körper entspannt und das Nervensystem beruhigt wird und der Blutdruck und die Herzfrequenz sinken.

Definition des Mula Mantras

Om – der Urklang des Universums, eingebettet in deinem Nervensystem. Man sagt, dass das Chanten von ‚O' den Körper und das Chanten von ‚m' das Großhirn stärkt. **Kriya** – eine der drei großen Energien des Universums: *Kriya Shakti, Jnana Shakti* und *Icchi Shakti. Kriyashakti* ist die Energie des Handelns, *Jnanashakti* ist die Kraft der Weisheit und *Icchishakti* die Energie des Willens oder der Intention. „**Babaji**" – Göttlicher Vater. Babaji ist die lebendige Quelle und der Ursprung des Kriya Yoga; dies ist in der Tat dein höchstes Selbst. **Nama** – „Grüße" oder „mein Name ist." **Aum** – die in deinem Inneren widerhallende Schwingung. Dieses Mantra ist eine „Anrufung" deines eigenen höchsten Selbst; es ist eine Bitte darum, dass Gnade und Bewusstheit in unseren Handlungen präsent sein mögen.

Das 1. Asana – *Kriya Asana Vanekom*, Die Begrüßungshaltung

Dies ist eine **Haltung zur Begrüßung** des Selbst. Dieses erste Asana richtet alle fünf Körper aus und integriert sie in die Praxis. Von den tamilischen Siddhas wissen wir, dass „der menschliche Körper ein mystisches Zentrum, der heilige Korridor zu der höchsten Realität ist und, dass Befreiung nur in ihm möglich ist." Daher steht am Anfang der Yoga Praxis, über das Selbst zu meditieren und das Selbst zu verehren. Diese erste Haltung, *Kriya Asana Vanekom* richtet das gesamte Wesen auf die Verehrung des Göttlichen sowie auf die Erkenntnis aus, dass der Körper ein „Tempel" ist, welcher der unendlichen Fürsorge würdig ist.

Die Begrüßungshaltung ist eine „Opferhandlung". Wir „bringen" unseren Kopf dem Guru „dar", unserer höchsten Quelle der Führung und Weisheit, dessen Zentrum sich in *Sahasrara*, dem Kronenchakra, befindet. Wir „opfern" unseren eigenen Willen dem göttlichen Willen. Mit einem gen Boden gerichteten Kopf, angehobenen Füßen und zusammengeführten, über den Kopf erhobenen Händen und Handflächen versuchen wir in den Bereich des Gurus, in die Zone der Liebe, vorzudringen. Die Haltung sollte mit Liebe praktiziert werden. Diese Haltung steht symbolisch für *Samadhi*. In dieser Körperhaltung kann sich *Prana Vayu* im Kopf ansammeln, was bedeutet, dass von Kopf bis Fuß ein gleichmäßiger Druck herrscht und wir in einem Zustand äußerster Ruhe verweilen können.

- Knie dich hin, führe deine Knie zusammen und lege deine Arme seitlich an den Körper. Der physische Körper passt sich der knienden Haltung an. Spanne den Beckenboden an, indem du die Dammmuskeln zusammendrückst und ziehe das Nabelzentrum nach innen in Richtung Wirbelsäule.

- Lege dein Kinn auf deine Brust und setze den Scheitel deines Kopfes etwa eine Handlänge vor deinen Knien auf dem Boden auf.
- Führe die Handflächen deiner Hände vor dem Kopf zusammen.
- Hebe deine Füße an, verlagere dein Gewicht nach vorne und balanciere auf den Knien, den Unterarmen und dem Scheitel deines Kopfes. Es sollte kein Druck auf deinen Ellenbogen lasten.
- Der vitale und der mentale Körper werden sich zentrieren, wenn du **deine Augen nach oben rollst**, dich auf das Innere deines Schädels am Scheitel deines Kopfes konzentrierst und in diesen Punkt hinein **atmest.**
- Der intellektuelle Körper richtet sich aus, wenn du **das Mantra**, *Om Kriya Babaji Nama Aum*, **chantest**.
- Der spirituelle Körper vervollständigt die Ausrichtung auf dein Streben, sodass Gnade und Bewusstheit herabsinken können. Verbleibe in der Haltung, während du ein bis drei Minuten lang fokussiert auf den Punkt zwischen den Augenbrauen oder den Scheitel des Kopfes, dem Sitz des alles durchdringenden, göttlichen Bewusstseins, meditierst.
- Senke deine Beine und setze dich zwischen deine Fersen. Dein rechter großer Zeh sollte dabei über deinem linken liegen. Nimm dir einen Moment Zeit, die Erfahrung zu verinnerlichen, und komme danach zum Stehen.
- Führe deine Fersen zusammen, sodass deine Füße in einem spitzen Winkel zueinander stehen. Deine Hände befinden sich in Gebetshaltung vor deiner Brust. Öffne deine Schultern, indem du deine Schulterblätter nach unten ziehst. Das Kinn senkt sich, die Augen sind geradeaus gerichtet, der Scheitel deines Kopfes hebt sich. Nimm das Gefühl von Ruhe und Leichtigkeit im gesamten Körper wahr.

Kriya Asana stimuliert direkt alle Nerven des Kopfes sowie die Hirnanhangs- und die Zirbeldrüse, deren Sekrete, wozu auch die Endorphine zählen, das komplette Drüsensystem stärken. Die gesamte Wirbelsäule wird entspannt und gedehnt, da alle beweglichen Wirbelkörper in der Wirbelsäule auseinander gezogen werden. Die Halswirbel und die Luftröhre werden elastischer. Die Durchblutung der Wirbelsäule und des Gehirns wird verbessert. Die Augen werden entspannt und erfrischt. Der gesamte Körper wird erquickt. Dieses Asana ist für Menschen mit niedrigem Blutdruck nützlich. Die Begrüßungshaltung stimuliert das Augenbrauen- (*Ajna*) und das Kronenchakra (*Sahasrara*), wenn die Augen nach oben gerichtet werden und die Konzentration 1-3 Minuten lang fokussiert gehalten wird. Sie kann für ein friedlicheres Naturell sorgen.

Das 2. Asana – *Kriya Surya Namaskar*, **Der Sonnengruß**

Auch die Sonne ist unserer Begrüßung würdig. Sie sendet uns Lebensenergie in Form von strahlendem Licht. Die Erde würde ohne die Sonne, die sie sicher auf ihrer Achse hält, nicht an Ort und Stelle bleiben. Die Sonne ist das offensichtlichste Symbol für das Licht des Bewusstseins, das wir sehen können, da ihre Energie dieselbe Energie ist, die uns durchzieht und belebt.

Versuche so oft wie möglich, diese Übungsfolge draußen in der frühen Morgensonne vor neun Uhr zu praktizieren. Man sagt, dass das weiße Licht der Sonne im feinstofflichen Körper absorbiert, in die sieben Farben gebrochen und in bestimmte Teile des Körpers gelenkt wird, um Gesundheit und Heilung zu bewirken. Sonnenlicht stärkt die eigene Gesundheit und Aura. Je nach der eigenen speziellen Schwingung stößt die Aura Dinge ab oder zieht sie an. Die Aura aufzubauen und zu vergrößern, ist genauso wichtig, wie den Körper und den Geist zu kräftigen und zu reinigen.

Die einzelnen Haltungen beim Sonnengruß dehnen, erwärmen und tonisieren den Körper, indem sie die Funktion mehrerer Körpersysteme stimulieren, d.h. des Muskel-, Atmungs-, Verdauungs-, Kreislauf-, Nerven-, Hormon- und Sinnessystems. Wenn das Mantra, OM KRIYA BABAJI NAMA AUM, gechantet wird, werden zusätzlich kleinste Schwingungen erzeugt, die einen subtilen Reinigungseffekt auf alle lebenswichtigen Organe, besonders das Großhirn, das Herz und den Magen, haben. Der Gesang erweckt subtile Sinnesfähigkeiten durch die Harmonie, die er im Körper aufkommen lässt. Er regt Energiezentren an und stärkt die Aura. Er ruft eine Entspannungsreaktion hervor und kann einen messbaren Abfall des Blutdrucks und der Herzfrequenz bewirken. Durch das Mantra vertieft sich der Atem, entspannt sich die Muskulatur und verändert sich die Gehirnaktivität.

Nimm dir Zeit, während du die verschiedenen Haltungen des Sonnengrußes ausführst. Schließe deine Augen und tauche in den Atem und das Licht des Bewusstseins ein. Wenn du draußen in der Sonne übst, profitierst du zusätzlich von der direkten Wirkung der Sonnenstrahlen.

****

Führe jede Haltung der Übungsfolge langsam aus und verbleibe dabei einen oder mehrere Atemzüge lang in jeder Position. Versetze die Chakras durch das laute Chanten des Mantras, Om Kriya Babaji Nama Aum, in Schwingung.

- Strecke deine Arme **über deinen Kopf**, sodass sich die Handflächen dabei berühren – **Chante** *Om Kriya Babaji Nama Aum.*
- Bringe deine Hände zu deinem Stirnzentrum – **Chante** *Om Kriya Babaji Nama Aum.*
- Führe deine Hände zu deinem **Halszentrum** – **Chante** *Om Kriya Babaji Nama Aum.*
- Zu deinem **Herzzentrum** – **Chante** *Om Kriya Babaji Nama Aum.*
- Zu deinem **Nabelzentrum** – **Chante** *Om Kriya Babaji Nama Aum.*
- Knie dich hin, führe deine Hände auf deinem Kopf zusammen – **Chante** *Om Kriya Babaji Nama Aum.*

- **Begrüßungshaltung** – Setze deinen Kopf etwa eine Handlänge vor deinen Knien auf dem Boden auf. Deine Arme befinden sich über deinem Kopf, die Handflächen sind geschlossen. Hebe deine Beine an und balanciere dein Gewicht auf den Knien, den Unterarmen und dem Scheitel des Kopfes. Richte deine Konzentration auf das Innere des Schädels am Scheitel des Kopfes – **Chante** *Om Kriya Babaji Nama Aum.*

Nimm die **Reiter-Haltung** ein: Schiebe dein rechtes Knie nach vorne und dein linkes nach hinten. Platziere deine Hände neben den Knien und drücke sie in den Boden. Lasse deine Schultern entspannt nach hinten gleiten, hebe deine Herzregion an und öffne deinen Brustkorb. Strecke deinen Hals, hebe das Kinn. Richte deine Konzentration auf den Bereich zwischen den Augenbrauen. **Chante** *Om Kriya Babaji Nama Aum.*

Gehe in die **Berg-Haltung** über: Schiebe dein rechtes Knie nach hinten. Drücke deine Hände und Zehen in den Boden, hebe dein Gesäß an, verlagere mit Hilfe der Beine dein Becken nach hinten. Dein Kopf befindet sich zwischen deinen Armen. Dein Körper bildet mit dem Boden ein Dreieck. Lasse dein Kinn auf deine Brust sinken. Blicke auf deine Knie. Richte die Konzentration auf dein Halschakra. **Chante** *Om Kriya Babaji Nama Aum.*

Fahre mit der **Kobra** fort: Bringe dein rechtes und anschließend dein linkes Bein zurück auf den Boden. Senke deine Hüften. Deine Beine sind geschlossen oder hüftbreit geöffnet. Die Fußrücken berühren den Boden. Spanne deinen Beckenboden an, indem du die Muskeln so zusammendrückst, als ob du eine Harnblasenentleerung verhindern würdest. Ziehe dein Nabelzentrum nach innen. Bringe deine Arme auf Schulterhöhe. Die Ellenbogen liegen dicht am Körper. Rolle deine Schultern nach hinten; deine Schulterblätter bewegen sich nach unten. Drücke deine Brust nach vorne und erhebe dich in die Kobra. Setze auch deine Armmuskulatur ein, während du deinen Oberkörper noch weiter aufrichtest, um die Wirbelsäule durch zu biegen. Lasse dir Zeit. Strecke den Hals, sodass sich dein Gesicht nach oben bewegt. Fokussiere deine Konzentration dort, wo du den Druck im Kreuzbeinbereich spürst. Atme ein und singe das Mantra. **Chante** *Om Kriya Babaji Nama Aum.*

Nimm die **Acht-Punkte Begrüßungshaltung** ein: Drücke deine Zehen in den Boden, senke den Brustkorb und hebe das Becken an. Berührung an 8 Punkten – 2 Füße, 2 Knie, 2 Hände, Brust und Kinn. Halte dein Gesäß und deinen Bauch in der Luft. Es entsteht ein natürliches *Uddiyana Bandha* (der Bauch wird nach hinten und oben und das Zwerchfell unter die Rippen gedrückt; der Nabel wird in Richtung Rücken gezogen). Die Wirbelsäule ist gekrümmt. Fokussiere dich auf den Solar Plexus, *Manipura Chakra.* Atme ein und chante. **Chante** *Om Kriya Babaji Nama Aum.*

Kehre nun in die **Kobra zurück**. Lege deine Fußrücken wieder auf den Boden, senke das Schambein und drücke die Brust nach vorne, während du die Wirbelsäule lang ziehst und dich erneut aufrichtest. Die Wirbelsäule wölbt sich und das Gesicht ist in der Kobra nach oben gewandt. Fokussiere dich abermals am Steißbein auf *Swadhisthana Chakra* und **chante** *Om Kriya Babaji Nama Aum.*

Drücke deine Zehen in den Boden und richte dich zum Vierfüßlerstand auf. Verlagere dein Gewicht nach hinten und hebe deine Hüften, sodass deine Arme und Beine lang gestreckt werden. Nimm erneut die **Berg-Haltung** ein. Drücke deine Handflächen in den Boden und verlagere mit Hilfe der Beine dein Becken nach hinten. Lasse deinen Kopf auf deine Brust sinken und fokussiere dich auf *Vishuddhi Chakra*. Atme ein und **chante** *Om Kriya Babaji Nama Aum*. Drücke die Außenkanten deiner Füße in Richtung Boden, damit die gesamte Rückseite deines Körpers gedehnt wird.

Stelle dich auf deine Zehen, führe dein **linkes Knie nach vorne** und lege es zwischen den Händen **auf den Boden**, strecke dein rechtes Bein nach hinten. Lasse die Schultern entspannt nach hinten und unten gleiten und hebe deinen Brustkorb an, sodass du erneut in die **Reiter-Haltung** übergehst. Spüre die Dehnung im Herzbereich. Hebe das Kinn, damit der Hals gestreckt wird. Lasse die Energie in der Wirbelsäule frei fließen und fokussiere dich auf *Ajna Chakra* zwischen den Augenbrauen. Atme in diesen Punkt hinein und aus ihm heraus. **Chante** *Om Kriya Babaji Nama Aum.*

Bringe dein **linkes Knie zurück** zu deinem **rechten** und **führe deine Handflächen zusammen**. Setze deinen Kopf zur **Begrüßungshaltung** etwa eine Handlänge vor deinen Knien auf dem Boden auf. Hebe deine Beine und balanciere dein Gewicht auf den Knien, Unterarmen und dem Scheitel des Kopfes. Richte deine Konzentration auf das Innere des Schädels am Scheitel des Kopfes. **Chante** *Om Kriya Babaji Nama Aum.*

Knie dich hin und führe deine Hände auf deinem Kopf zusammen. **Chante** *Om Kriya Babaji Nama Aum*. Visualisiere die Herabkunft von Gnade.

Stehe auf und führe **deine Handflächen bei Manipura Chakra (Nabelzentrum)** zusammen. **Chante** *Om Kriya Babaji Nama Aum.*

Hebe deine Hände zu **Anahata Chakra (Herzzentrum)**. **Chante** *Om Kriya Babaji Nama Aum.*
Und nun zu **Vishuddhi Chakra (Halszentrum)**. **Chante** *Om Kriya Babaji Nama Aum.*
Und danach zu **Ajna Chakra, oder dem Dritten Auge (zwischen den Augenbrauen)**. **Chante** *Om Kriya Babaji Nama Aum.*
Und schließlich zu **Sahasrara Chakra (Kronenchakra, über deinem Kopf)**. **Chante** *Om Kriya Babaji Nama Aum.*
Drehe dich im Uhrzeigersinn und chante dabei den **Sonnengrußgesang**.

Das Lied über die Lehre der Sonnenanbetung huldigt dem höchsten Bewusstsein in Form des göttlichen Lichts der Sonne und all der unterschiedlichen Arten von Licht in unserem Universum und ehrt all die wichtigen Prinzipien und Praktiken des Kriya Yoga. Durch es drücken wir unser Streben nach Gott und nach „Gnade" aus, jenem Segen, der unverdient und unerwartet ist und uns geschenkt wird. Zum Schluss preisen wir die Gurus dieser Tradition: *Babaji* (Heiliger Vater), *Mataji* (Heilige Mutter) und *Amman* (Bruder).

Drehe dich im Uhrzeigersinn, führe dabei jeweils eine Vierteldrehung aus, während du eine Zeile laut chantest. Singe mit Demut und Dankbarkeit und stelle dir vor, dass Gnade durch den Scheitel des Kopfes auf dich herabkommt, so als ob sie in Form von Strahlen oder Regentropfen auf dich herabfallen würde. So wie du in Indien vielleicht einen Tempel umwandern würdest, um deinen Körper zu magnetisieren und Gnade zu empfangen, kannst du auch deinen Körper drehen und dabei deinen eignen göttlichen Tempel umrunden. Die Bewegung im Uhrzeigersinn wird deine Aura magnetisieren. Deine Aura wird zu einem Segen für dich und für alle, die mit dir in Kontakt kommen.

Deepam Jyoti Parabrahman (Waving and worshipping with the Supreme Grace Light)	Dem höchsten Licht der Gnade zuwinkend und es verehrend
Deepam Sarvam Tamobagam (I aspire for Grace)	Strebe ich nach Gnade
Deepanay Sathyathey Sarvam (Through Truth may all be done)	Durch Wahrheit möge alles geschehen
Nyarua Deepam Namosthuthey (Salutations to the Sun)	Grüße an die Sonne
Kaalai Deepam Namosthuthey (Salutations to the light in the morning)	Grüße an das Licht am Morgen
Ucchi Deepam Namosthuthey (To the mid-daylight)	An das Licht am helllichten Tag
Santhyaa Deepam Namosthuthey (To light of the evening)	An das Licht des Abends
Nisi Deepam Namosthuthey (To light that shines in dark night)	An das Licht, das in der dunklen Nacht erstrahlt
Anbu Deepam Namosthuthey (To Divine Love)	An die göttliche Liebe
Ahimsa Deepam Namosthuthey (To Non-violence)	An die Gewaltlosigkeit
Asana Deepam Namosthuthey (To postures of relaxation)	An die Entspannungshaltungen
Prana Deepam Namosthuthey (To mastery of breathing)	An die Beherrschung der Atmung
Dhyana Deepam Namosthuthey (To mastery of the mind)	An die Beherrschung des Geistes
Jnana Deepam Namosthuthey (To Supreme Self-knowledge)	An die höchste Selbsterkenntnis
Mantra Deepam Namosthuthey (To the sacred syllables)	An die heiligen Silben
Bhakti Deepam Namosthuthey (To love and devotion of the Divine)	An die Liebe und die Hingabe für das Göttliche
Babaji Deepam Namosthuthey (To Babaji, Divine Father)	An Babaji, den göttlichen Vater
Annai Deepam Namosthuthey (To Mataji, Divine Mother)	An Mataji, die göttliche Mutter
Amman Deepam Namosthuthey (To Amman, Divine brother (Swami Pranabananda))	An Amman, den göttlichen Bruder (*Swami Pranabananda*)
Yoga Deepam Namosthuthey (To the Scientific Art of perfect God-Truth-Union)	An die wissenschaftliche Kunst der vollkommenen Vereinigung mit der göttlichen Wahrheit

Führe deine Hände zu deinem Herzen. Öffne deine Schultern in einer rollenden Bewegung, bei der du deine Schulterblätter nach unten ziehst. Drücke die Fersen und die Ballen beider Füße in den Boden, spreize deine Zehen. Atme tief ein. Atme vollständig aus. Tauche in die Energieempfindungen ein, die deinen Körper durchströmen. Achte auf die Qualität deines Atems und darauf, wie du dich fühlst. Dein Körper ist warm und geschmeidig, dein Atem ist entspannt, dein Geist ruhig und passiv.

****

Das 3. Asana - *Sarvangasana*, Der Schulterstand

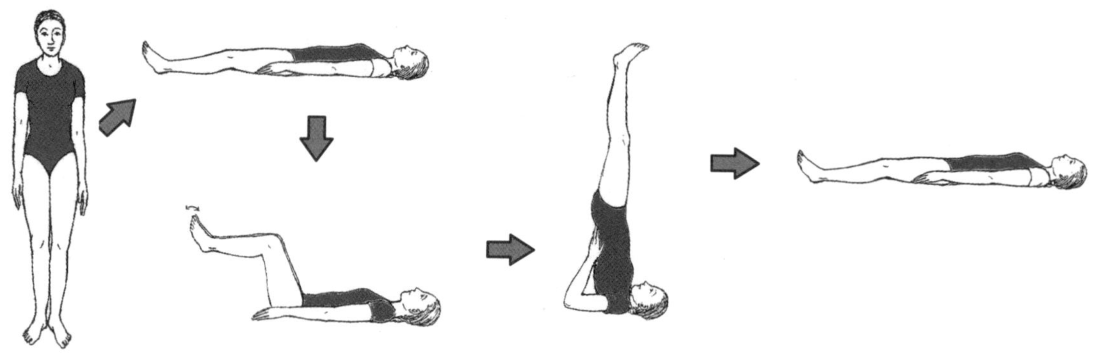

Sarvangasana oder der Schulterstand gilt als eines der wichtigsten Asanas. Es wärmt den Körper weiter auf. Wir nehmen diese kraftvolle Umkehrhaltung ein, um Energieblockaden zu beseitigen, indem wir Druck auf den Körper ausüben und seine normale Arbeitsweise umdrehen. Dadurch wird der Geist in den Körper hineingezogen. Der Geist fokussiert sich aufgrund des Druckes automatisch auf den Körper. Die Bewusstheit nimmt zu. Umkehrhaltungen revitalisieren das gesamte System und stoßen einen Reinigungsprozess auf den tiefsten Ebenen an. Sobald der physische Druck aufgehoben wird, kommt der Körper ins Gleichgewicht, da im oberen Rücken, in den Schultern und im Nacken gespeicherte Spannungen aufgelöst werden. In der Halsregion kann enorme Energie freigesetzt werden. Der Schulterstand kann sogar dafür sorgen, dass die Psyche von mancher Last, die der Egoismus dem Geist auferlegt, befreit wird.

Nahezu jedes Körpersystem profitiert davon: das Kreislauf-, Verdauungs-, Atmungs-, Lymphsystem und das autonome Nervensystem. Der Schulterstand regeneriert alle Organe, lindert Erschöpfung in den Beinen und Füßen, nährt die Zellen des Gesichts, erzeugt Ruhe und fördert einen gesunden Schlaf. Indem man die normale Wirkrichtung der Schwerkraft umdreht, wird jeder Muskel mit Blut durchströmt. Die Durchblutung aller wichtigen Drüsen und Organe, einschließlich der Hirnanhangsdrüse, der Zirbeldrüse, des Herzens, der Lunge, der Nieren, der Leber, der Milz, der Eierstöcke und der Gebärmutter, wird gesteigert. Durch die umgekehrte Haltung wird das das Zwerchfell gekräftigt, was zu einer Vertiefung der Atmung führt. Der Geist wird geklärt, das Gehirn genährt und das Nervensystem gestärkt, da die Schilddrüse und die Nebenschilddrüsen, die den Stoffwechsel regulieren, stimuliert werden. Die Dehnung im Nacken regt die parasympathischen Nervendehnungsrezeptoren an, wodurch Blutdruck und Herzfrequenz gesenkt werden. Dieses Asana wird therapeutisch bei Asthma, Verdauungsstörungen, Verstopfung, Hernien und einer Degeneration von Hoden oder Eierstöcken eingesetzt.

Der Schulterstand wird oft als „Haltung aller Glieder“ bezeichnet, da dafür eine muskuläre Anstrengung des gesamten Körpers notwendig ist. Der ganze Körper hilft den oberen Extremitäten aktiv, die Haltung zu stützen. Dies erfordert Kraft- und Gleichgewichtssinn. Wenn der Beckenboden (durch Zusammendrücken der Dammmuskeln, wie bei *Mulabandha*) angehoben und das Nabelzentrum angespannt und nach innen in Richtung Wirbelsäule gezogen wird, werden dadurch der Sakral- und Lendenbereich stabilisiert und die Wirbelsäule in die Länge gezogen. Die Halsregion sollte durch bewusste Entspannungs- sowie Nackenbeuge- und Streckübungen aufgewärmt und gekräftigt werden, bevor man die Umkehrhaltung einnimmt. *Ujjayi*-Atmung und eine verlängerte Ausatmung werden die Körperhaltung innerlich unterstützen und die Reinigungseffekte verstärken. Der Schulterstand steigert die Bewusstheit insgesamt, da er den Körper entspannt und revitalisiert.

****

Lege dich auf deinen Rücken, sodass dein Kopf, dein Hals und deine Wirbelsäule eine Linie bilden. Deine Arme befinden sich neben deinem Körper, wobei die Handflächen nach unten zeigen. Beuge deine Knie und ziehe deine Beine an, sodass sie über deinem Brustkorb zu liegen kommen. Wir lockern zuerst die Fußgelenke, um Energieblockaden aufzulösen und den Rückfluss von stagnierter Lymphflüssigkeit und venösem Blut zu fördern. Öffne und strecke deine Zehen. Wackle mindestens dreißig Sekunden lang mit ihnen. Beuge deine Füße genauso oft nach vorne wie nach hinten. Sei dir der physischen Bewegung, der Wechselbeziehung zwischen Gelenken, Knochen, Bändern, Muskeln und Faszien bewusst und nimm wahr, wie jede Bewegung mit anderen Teilen des Körpers in Verbindung steht. Spüre, dass diese Bewegung für die Entspannung deiner Nackenmuskeln hilfreich sein kann. Drehe deinen Kopf langsam von einer Seite zur anderen. Strecke dich in jede Spannung hinein, auf die du eventuell stößt. Lasse deine beiden Knöchel im Uhrzeigersinn und anschließend entgegen dem Uhrzeigersinn kreisen. Diese kleinen Bewegungen helfen dabei, die Gehirnströme zu verlangsamen und verstärken die Entspannung. Das Dehnen der Füße kann Müdigkeit und Krämpfe im Körper lindern und wird denjenigen mit einem schwachen Kreislauf guttun. Atme tief. Beginne mit der Wirbelsäulenatmung. Stelle dir vor, dass dein Atem von der Basis deiner Wirbelsäule ausgehend bei jeder Einatmung nach oben wandert und sich bei der Ausatmung im gesamten Körper ausdehnt.

Bring dann Spannung in deine Beckenbodenmuskeln (wie bei *Mulabandha*) und spanne deine Unterbauchmuskulatur an (ziehe den Nabel nach innen). Dies wird deine Sakral- und deine Lendenwirbelsäule unterstützen. Strecke deinen Nacken. Drücke deine Hände in den Boden und rolle dich vom Kreuzbein her hoch, sodass deine Knie auf deiner Stirn zu liegen kommen.

Platziere deine Hände auf Taillenhöhe auf deinem Kreuzbein, um deinen Rücken zu stabilisieren. Richte deine Oberarme und Ellenbogen parallel zueinander aus und lasse deine Hände den Oberkörper vom Rücken her abstützen. Schiebe deine Schulterblätter nach unten in Richtung deiner Taille. Führe deine Ellenbogen nah zusammen, damit sich deine Schultern einander nähern. Dadurch entsteht ein Dreieck zwischen dem Hinterkopf und den Schultern, sodass dein Nacken besser geschützt und das Gewicht vom Nacken auf die Schultern verlagert wird. In dieser Haltung berührt der Nacken nicht den Boden.

Halte deine Beckenbodenmuskeln zusammengedrückt und deine Unterbauchmuskulatur angespannt. Drücke deinen Hinterkopf auf den Boden und richte deine Beine ohne Anstrengung auf. Spanne deine tiefen Rückenmuskeln an und kontrahiere deine Hüftbeuger. Ziehe beim Atmen eine Energielinie entlang der Wirbelsäule und der Innenseiten der Oberschenkel nach oben. Atme tief. Drücke dein Becken nach vorne. Achte darauf, dass deine Beine aktiv bleiben. Beuge deine Füße nicht. Du kannst sie entspannen oder die Zehen in Richtung Fußrücken auf deinen Kopf zu beugen.

Während du den klassischen Schulterstand einnimmst, wird sich die Wirbelsäule gerade ausrichten und das Brustbein sich dem Kinn annähern, um einen Muskelblock im Kinnbereich zu erzeugen (*Jalandhara Bandha*). Deine Beine werden sich senkrecht aufstellen, sodass sich dein Becken genau über den Schultern befindet. Wenn das Becken direkt über den Schultern zu liegen kommt, wird das Körpergewicht unmittelbar auf die Schultern und nicht auf den Nacken übertragen. Der Beckenboden bleibt kontrahiert, die Bauchmuskeln und die Hüftbeuger sind weiterhin angespannt und der gesamte Körper unterstützt aktiv die oberen Extremitäten.

Wenn du die Maximalvariante des Schulterstandes erreicht hast, wird der Druck des gesamten Körpers gegen das Kinn ausgeübt. Kopf und Nacken bewegen sich nicht. Dadurch können Spannungen aufgelöst, blockierte Energie freigesetzt und der Körper revitalisiert werden, allerdings sind dafür eine rhythmische Atmung sowie körperliche und geistige Entspannung notwendig.

Eine ebenmäßige, rhythmische Atmung ist für diese Haltung von wesentlicher Bedeutung. Nimm wahr, dass es zu einer natürlichen *Ujjayi*-Atmung kommt, wenn deine Brust gegen dein Kinn gepresst wird. Der „nach Meeresrauschen klingende Atem“ entsteht aufgrund der Reibung, die erzeugt wird, während der Atem den verengten Luftweg passiert. Dies wird die Haltung zusätzlich unterstützen. Lasse die Ausatmung möglichst lang dauern, um die reinigenden Eigenschaften dieser Haltung zu verstärken. Blicke auf deine Füße und halte die Konzentration dort, oder schließe deine Augen und fokussiere dich auf das Halschakra *(Vishuddhi)*. Nimm wahr, wie der Geist ruhig wird.

Lasse deine Knie langsam auf deine Stirn sinken. Lege deine Hände auf den Boden und rolle deine Wirbelsäule Wirbel für Wirbel auf dem Boden ab. Wenn dein Gesäß den Boden berührt, dann strecke deine Beine senkrecht nach oben und halte sie mehrere Atemzüge lang so.

Achte darauf, dass deine Bauch- und Beckenbodenmuskeln fest angespannt sind, während du deine Beine so langsam wie möglich ablegst. Wenn deine Bauch- und/oder Rückenmuskeln sich überanstrengt anfühlen, dann beuge einfach deine Knie und stelle deine Füße auf den Boden.

Entspanne dich in Rückenlage in *Shavasana* (Totenstellung). Lasse zu, dass deine Schultern, Arme, Hände, Beine und Füße nach außen rollen, sich öffnen. Drehe deine Handflächen nach oben. Wenn du deine Arme und Beine zu nah am Körper hältst, wirst du keine Spannungen auflösen können.

Achte auf die Qualität deines Atems. Es kann sein, dass du ein energetisches Kribbeln in den Extremitäten, im Hals und den Schultern oder im Rücken wahrnimmst, an den Stellen, wo es zu einer Kreislaufkonzentration während der Haltung gekommen ist. Die Entspannungsphase verarbeitet diese Energie. Jedes Asana ist ein Körper-Geist-Diagramm, das Energie im gesamten Körper zirkulieren lässt. Das Asana setzt Blut, Lymphflüssigkeit, Prana und Abfallprodukte in Bewegung. Während der Entspannung transportiert das Kreislaufsystem die Abfallprodukte ab, die bei der Haltung freigesetzt worden sind. Es befördert sie zu den Ausscheidungsorganen, wie der Haut, den Lungen und dem Dickdarm und beseitigt somit die Ursache für Müdigkeit und letztlich die Quelle von Giftstoffen. Wir müssen mindestens dreißig Sekunden lang in der Entspannung verbleiben, damit dieser Austausch vonstattengehen kann. Achte auf jedes innere Gefühl von Unbehaglichkeit und löse es bewusst beim Ausatmen auf.

Um alle Muskeln zu tonisieren und die Wirbelsäule zu dehnen, nimm deine Arme über deinen Kopf und strecke dich. Strecke und beuge deine Zehen. Richte dich beim Ausatmen auf und versuche, deine Zehen zu erreichen. Zum Schutz deines Rückens solltest du deine Bauch- und Beckenbodenmuskeln dabei anspannen und dein Kinn auf deine Brust legen. Es ist wichtig, die Muskeln auf diese Weise zu kräftigen, nachdem man sie in *Shavasana* entspannt hat.

Achtung: Diese Umkehrhaltung ist während der Menstruation kontraindiziert. Personen mit hohem Blutdruck, grünem Star oder einer vergrößerten Schilddrüse sollten die therapeutischen Vorteile und Risiken der Ausführung dieser Haltung mit einem/r medizinischem/n Fachmann/frau besprechen.

Das 4. Asana - *Meenasana*, **oder** *Matsyasana*, **Fisch-Haltung, (Gegenhaltung)**

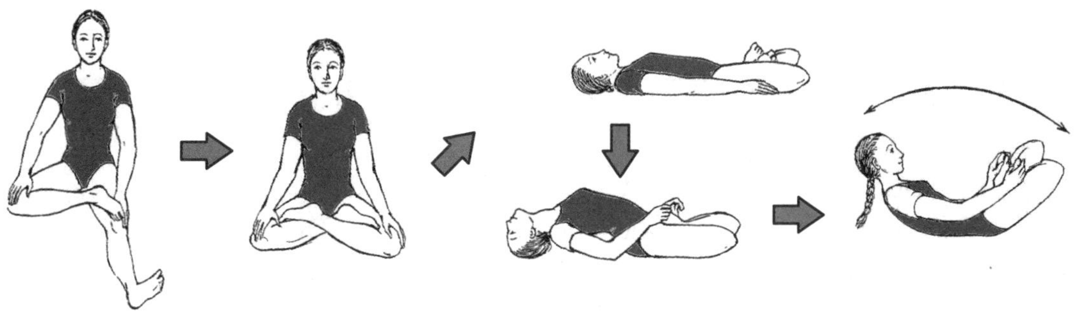

Matsyasana oder die **Fisch-Haltung** soll nach dem großen Siddha Macchamuni bzw. Matsyendranath benannt worden sein. Die Siddhas sagen, dass Hatha Yoga u.a. dem Zweck dient, die gewohnheitsmäßigen Neigungen des unbewussten Geistes (*Samskaras*) aufzudecken, die den physischen Bereich beeinflussen. Asanas bilden eine Brücke zwischen dem Körper und den tiefsten Winkeln des Geistes. *Meenasana,* die *Fisch-Haltung*, ist ein Asana, durch das Eindrücke, die sich im Unterbewusstsein verankert haben, losgelassen werden können. Durch das Anheben des Brustkorbs wird das Herz geöffnet und kann sich von all dem befreien, was der Geist anderenfalls zensieren würde. Wenn man längere Zeit in dieser Haltung verbleibt, kann man einen umfassenderen Blick für das erlangen, was vorhanden ist. Zusätzlich soll man durch diese Haltung in spiritueller Hinsicht genährt werden, da sie das spirituelle Herz öffnet und die Intuition entfaltet.

Meenasana ist die Gegenhaltung zum Schulterstand. Sie sollten zusammen praktiziert werden, da bei der einen Haltung der Nacken in der entgegengesetzten Richtung gedehnt wird, wie in der Position, die bei dem vorhergehenden Asana eingenommen wurde. Diese Gegendehnung löst verbliebene Spannungen im Nacken und den Schultern auf und setzt Energie frei. Durch diese entgegengesetzte Dehnung werden die Muskeln in einem kontinuierlichen, zyklischen Muster massiert, wodurch ein Aufstau von Blut und Energie verhindert wird. Die Fisch-Haltung steigert die Durchblutung und tonisiert die Nerven, Gewebe und Muskeln der Nacken- und Schulterregion. Diese Bereiche werden optimal genährt und können sich effektiver erhalten und reparieren. Der Schulterstand gefolgt von der Fisch-Haltung steigert die Durchblutung der Schild- und Nebenschilddrüsen, wodurch die Schilddrüsenfunktion unterstützt und der Stoffwechsel stabilisiert wird. Die endokrinen (inneren) Sekrete der Nebenschilddrüsen sind für die Gesundheit und Entwicklung von Körper und Geist sehr wichtig. Diese Sekrete fördern die Bindung und Aufnahme von Kalzium im Körper.

Von der Fisch-Haltung profitieren die Hals- und die Brustwirbelsäule besonders stark. Die Positionierung des Kopfes verkürzt den Abstand zwischen den hinteren Anteilen der Halswirbel, weshalb man sich langsam in die Haltung hineinbegeben sollte. Diese Kopfhaltung senkt den Blutdruck, da sie Dehnungsrezeptoren im Nacken stimuliert. Diese Rezeptoren geben, als Reaktion auf den konstanten Blutdruck und die Änderungsrate der Blutdrücke in den Blutgefäßen im Hals, Signale an das zentrale Nervensystem weiter. Die Dehnung des Halses hat eine tonisierende Wirkung auf den Kehlkopf. Dies verbessert die Durchblutung und kommt auch den Hirnnerven an der Schädelbasis zugute, indem das Gefäßsystem des Gehirns entlastet und dort Druck abgebaut wird. Insgesamt führt dies zu einer Entspannung des zentralen Nervensystems.

Bei der Fisch-Haltung wird der Brustkorb angehoben und der Rücken durchgebogen, sodass das Körpergewicht auf dem Scheitel des Kopfes zu liegen kommt. Dadurch wird eine tiefe Brustatmung ermöglicht. Sie wird das Luftvolumen in den Lungen vergrößern und oft bei der Behandlung von Asthma und Atemwegserkrankungen eingesetzt. Das Herz wird angenehm massiert und alle Drüsen werden reichlich mit Blut versorgt. Die Haltung steigert die Verdauungskraft. Stauungen im Becken im Bereich der Eierstöcke und der Gebärmutter werden abgebaut. Diese Haltung stimuliert auch die innere „Atmung" und die Zirkulation von *Prana* im Rückenmark.

Die Fisch-Haltung ist ein Asana, von dem besonders diejenigen profitieren, die in krummer Haltung den ganzen Tag vor einem Computerbildschirm sitzen. Sie kann helfen, den Stress beruflicher, familiärer und allgemeiner Verpflichtungen im Leben zu bewältigen. Die Fisch-Haltung vermag, die Persönlichkeit zu verändern. Da sie die Ausschüttung von Endorphinen in den Drüsen des Gehirns direkt stimuliert, kann sie in Phasen von Traurigkeit, Depression oder Ängstlichkeit Abhilfe schaffen.

Führe jede Stufe der Haltung langsam und mit Achtsamkeit und Bewusstheit für den Atem aus. Übe die Haltung mit Interesse und Bereitschaft. Versuche nicht, etwas zu erzwingen und lasse nicht zu, dass Frustration aufkommt. Erforsche jede Position bzw. Stufe und begib dich jeden Tag so weit in sie hinein, wie es dein Körper zulässt. Dein Körper wird sich jeden Tag in einer anderen Verfassung befinden, achte also darauf, wie er sich anfühlt. Erzwinge nichts. Respektiere deine Grenzen. Bleibe so lange bei einer Stufe, bis dein Körper sich wohlfühlt und dein Atem mühelos fließt. Falls eine Stufe für dich unangenehm ist, möchtest du vielleicht untersuchen, was daran unbequem ist und die Haltung anpassen und in das Unbehagen hineinatmen. Du solltest stets aufhören, wenn etwas schmerzhaft ist. Beuge dich allerdings in das hinein, was verhärtet ist, und benutze dabei den Atem, um den Weg freizumachen. Strebe ein Gefühl der Mühelosigkeit und Ausgeglichenheit bei jeder Stufe an, bevor du weitermachst. Wenn du weder das Bedürfnis hast, eine Haltung zu verlassen, noch den Wunsch verspürst, fortzufahren, dann hast du einen Ort der körperlichen wie auch geistigen Stille gefunden, dort solltest du verbleiben und tief atmen. Beobachte die Empfindungen und atme alles aus, was aufkommen mag. Denke nicht. Spüre einfach nur, welche Empfindungen vorhanden sind. Emotionen können losgelassen werden, mit oder ohne begleitende Erinnerungen. Erkenntnisse werden sich einstellen.

****

Beginne *Meenasana*, indem du zuerst die Hüftgelenke lockerst, um sie für den vollen Lotussitz vorzubereiten. Denke daran, ein voller Lotussitz ist etwas, auf das man hinarbeiten muss, aber er sollte niemals erzwungen werden.

Setze dich auf deine Sitzbeinhöcker (Tubera ischiadica) und strecke deine Wirbelsäule. Führe deine Fußsohlen zusammen und deine Fersen so nah an deinen Körper heran, wie es für dich angenehm ist. Lege deine Hände auf deine Knie und mache mit deinen Knien 45 Sekunden lang behutsame Flatterbewegungen in Richtung Boden. Ergreife deine Füße.

Drücke deine Ellenbogen gegen die Innenseiten deiner Oberschenkel. Ziehe beim Einatmen deine Wirbelsäule in die Länge und lasse dich beim Ausatmen nach vorne sinken. Achte darauf, dass dein Kinn angehoben und dein Rücken flach bleibt. Lasse dich nur beim Ausatmen nach vorne sinken. Entspanne dich 90 Sekunden lang in die Dehnung der Hüften hinein und atme dabei ausgiebig und tief. Dies wird die Durchblutung deiner Beckenorgane steigern. Die Nerven werden gestärkt, da die elektromagnetische Kraft des Körpers zunimmt. Richte dich wieder auf.

Winkle dein linkes Knie an und lege deinen linken Fuß in deine rechte Armbeuge. Halte deinen Fuß gebeugt, um dein Knie besser zu stabilisieren, und deinen Rücken gerade. Umgreife das Bein mit beiden Armen und wiege es darin. Verschränke deine Finger und schaukele das Bein 30 Sekunden lang von einer Seite zur anderen, damit sich deine Hüftgelenke öffnen. Löse den Griff deiner Hände und kreise das linke, gebeugte Bein einfach nur, sodass sich das linke Hüftgelenk etwas weiter lockert. Bewege dein Bein in großen Kreisen, im und entgegen dem Uhrzeigersinn. Wenn du Spannungen in der Hüfte oder im Knie bemerkst, dann massiere oder reibe die verhärteten Bereiche mit schnellen Bewegungen.

Lege deinen linken Fuß so weit rechts und so weit oben auf deinem rechten Oberschenkel ab, wie es für dich angenehm ist. Achte darauf, dass dein linker Knöchel von deinem rechten Oberschenkel abgestützt wird. Fasse deinen linken Fuß mit deiner rechten Hand und hebe und senke mit der linken Hand dein linkes Knie. Atme ein, wenn du das Knie nach oben führst und aus, wenn du es nach unten in Richtung Boden senkst. Drücke das Knie nicht ganz auf den Boden, falls du irgendein Spannungsgefühl im Bereich deiner Kniescheibe bemerkst, sondern bringe es einfach in eine horizontale Position. Wenn du spürst, dass sich die linke Hüfte lockert, dann senke das Bein und lasse es los. Klopfe jede Spannung auf beiden Seiten des Beines kräftig aus.

Winkle dein rechtes Knie an und lege deinen gebeugten rechten Fuß in deine linke Ellenbeuge. Wiege dein Bein in beiden Armen und schaukele es von einer Seite zur anderen. Du kannst die Dehnung verstärken, indem du dein Bein gegen deine Brust und deine Brust gegen dein Bein drückst. Wiege das Bein weiter und öffne so die rechte Hüfte. Achte darauf, dass dein Rücken gerade und nicht gekrümmt ist. Lockere den festen Griff und kreise das Bein einfach nur, damit sich das Hüftgelenk weiter öffnet. Bewege das Bein in großen Kreisen und in beide Richtungen. Nimm dir auch bei diesem Bein die Zeit, verspannte Areale in der Hüfte, dem Knie oder dem Knöchel zu massieren bzw. mit schnellen Bewegungen zu reiben.

Lege deinen rechten Fuß so weit links und so weit oben auf dem linken Oberschenkel ab, wie es für dich angenehm ist. Achte darauf, dass du keinen Druck auf deinen Knöchel ausübst. Dein rechter Knöchel sollte von deinem Oberschenkel abgestützt werden. Fasse deinen rechten Fuß mit deiner linken Hand und hebe und senke mit der rechten Hand dein rechtes Knie. Atme ein, wenn du das Knie anhebst und aus, wenn du es nach unten, in Richtung Boden senkst. Bringe das Knie nicht mit Gewalt ganz bis zum Boden. Drücke das Knie behutsam nach unten. Falls du irgendein Spannungsgefühl im Bereich der Kniescheibe verspüren solltest, dann hebe das Knie an, sodass es lediglich in eine horizontale Position zurückkehrt. Lasse das Bein los, massiere mögliche Verspannungen und klopfe beide Seiten des Beines ab.

Der Lotus: Sitze mit geradem Rücken auf deinen Sitzbeinhöckern und nimm den vollen Lotussitz ein.
*Ergreife dein linkes Schienbein und deinen linken Knöchel von der Unterseite deines Beines her, sodass du dabei das Schienbein und den Oberschenkel nach außen drehst (fasse deinen Fuß nicht von oben). Halte deinen Fuß gebeugt und lasse ihn auf deinem rechten Oberschenkel soweit nach rechts und nach oben gleiten, wie es für dich angenehm ist, damit dein linker Knöchel von deinem rechten Oberschenkel gestützt wird. Wenn der Knöchel sich umbiegt, sodass die Fußsohle nach oben zu dir zeigt, wird der Knöchel geschwächt und auf die Bänder und Knorpel des Knies ein übermäßiger Zug ausgeübt. Winkle dein rechtes Knie an, beuge den rechten Fuß, ergreife deinen rechten Knöchel und dein Schienbein von unten und lege dein rechtes Bein vorsichtig auf deinem linken ab. Entspanne deine Füße. Falls sich diese Haltung für dich nicht angenehm und stabil anfühlen sollte, dann löse dein rechtes Bein und schlage es unter dich. Wenn du Schmerzen im linken Bein verspüren solltest, setzte dich in *Sukhasana*, einfache Haltung (beide Beine werden unter dem Körper verschränkt).

Erste Stufe: Ergreife deine Großzehen, öffne deine Schultern und ziehe deine Schulterblätter nach unten. Strecke deine Wirbelsäule lang, dehne deinen Brustkorb und lasse dich beim Ausatmen nach vorne sinken. Versuche, deine Wirbelsäule gestreckt zu halten. Runde deine Lendenwirbelsäule nicht ab, sondern lasse sie lang werden. Beginne mit kleinen *Kriyas*, Mikrobewegungen, sodass dein Oberkörper weiter nach vorne sinkt, während sich deine Hüften öffnen. Führe deine Stirn zum Boden. Entspanne dich mit dem Atem, um eine weitere Öffnung in den Hüften zu ermöglichen. Richte dich wieder auf.

Zweite Stufe: Um deine Wirbelsäule zu schützen, solltest du deine Beckenbodenmuskeln zusammendrücken und deine Bauchmuskeln kontrahieren, lasse zudem dein Kinn auf deine Brust sinken. Halte weiterhin deine großen Zehen fest. Atme tief ein und lasse dich nach hinten rollen, sodass deine Knie nach oben zeigen und dein Rücken sich auf dem Boden abwälzt. Versuche, deine Beine vorsichtig zum Boden zu bewegen. Setze dafür die Kriyas ein, indem du behutsame Impulse gibst. Senke deine Beine, wenn du kannst, ganz bis zum Boden und atme in die zunehmende Dehnung im unteren Rücken hinein.

Dritte Stufe: Um die Fisch-Haltung einzunehmen, lege deine Ellenbogen und Unterarme neben deinem Körper auf den Boden. Schiebe deine Finger unter deine Oberschenkel und setze dich auf. Deine Sitzbeinhöcker sollten nach unten zum Boden und deine Schambeine nach vorne zeigen, während du deine Brust hebst und deinen Nacken lang ziehst. Hebe dein Kinn an. Blicke nach oben. Atme tiefe ein und ziehe dabei den Atem entlang der Wirbelsäule nach oben. Erzeuge langsam eine stärkere Krümmung in deiner Wirbelsäule, indem du deine Herzregion anhebst. Dadurch werden deine Brustwirbel gewölbt und deine Lendenwirbel etwas entlastet. Setze den Scheitel deines Kopfes auf dem Boden auf (falls du die Oberseite des Kopfes nicht auf dem Boden ablegen kannst, dann hebe einfach das Kinn und schaue nach oben, während du den Kopf nach hinten neigst und dich weiter mit deinen Unterarmen abstützt).

Wenn dein Kopf gut positioniert ist und auf dem Boden aufliegt und deine Rücken- und Nackenmuskeln sich stark anfühlen, dann löse behutsam die Abstützung durch die Arme. Lege deine Hände auf deine Oberschenkel oder ergreife wieder deine Zehen.

Passe die Position deines Kopfes so an, dass du die größtmögliche angenehme Krümmung in der Wirbelsäule erzielst. Spüre die Expansion in deiner Brust. Dein Atem wird sich verlangsamen und vertiefen. Die Anordnung der Halswirbel und des oberen Rückens wird kraftvolles Atmen ermöglichen und die Durchblutung der Wirbelsäule anregen. Die gesamte Vorderseite des Körpers wird gestreckt, der Bauch und das Zwerchfell, die Brust sowie die Zwischenrippen- und Brustmuskeln werden gedehnt und der Brustkorb wird geöffnet. Halte deinen Beckenboden fest angezogen und dein Nabelzentrum kontrahiert. Fahre mit der Wirbelsäulenatmung fort. Visualisiere, wie Energie in der Wirbelsäule aufsteigt, während du einatmest, und spüre, wie sie sich in der Brust ausdehnt, wenn du ausatmest.

Bringe das Epizentrum deiner Bewusstheit zur Herzgegend oder zum Hals. Du nimmst vielleicht wahr, dass Energie in deiner Brust fließt, oder du empfindest ein Gefühl der Leichtigkeit und Beschwingtheit sowie allgemeines Wohlergehen. Der Atem ist natürlich. Der Atem kann immer feiner werden, wenn du beginnst, mühelos in der Haltung zu verweilen. Verbleibe so ca. zwei Minuten lang - zufrieden, mit stillem Körper und ruhigem Geist.
Anmerkung: Beende eine Haltung stets, wenn Beschwerden auftreten.

Letzte Stufe: Bringe deine Unterarme auf den Boden zurück und lege mit ihrer Unterstützung deinen Hinterkopf und deinen Nacken vorsichtig auf dem Boden ab. Richte deine überkreuzten Beine auf und ergreife deine Zehen. Spanne deine Beckenboden- und Bauchmuskeln erneut an und drücke dein Kinn auf deine Brust, während du auf dem Rücken vor- und zurückrollst. Lasse dich beim Ausatmen nach vorne rollen und führe dabei deine Stirn Richtung Boden. Atme danach ein und lasse dich auf deine Schultern (nicht deinen Nacken) zurückrollen. Fahre auf diese Weise fort, beim Ausatmen nach vorne und beim Einatmen nach hinten zu rollen. Die Bewegung und deine Atmung sollten aufeinander abgestimmt und ebenmäßig sein. Diese Rollbewegung vergrößert den Raum zwischen den Wirbeln und ermöglicht, dass mehr Energie sowohl in der Wirbelsäule als auch nach außen durch die Kapillaren in den restlichen Körper fließt.

Komme zurück in eine sitzende Position und lasse deine Hände auf deinen Knien ruhen. Sitze ruhig da, beobachte und genieße den stillen Energiefluss durch Körper und Geist.

Strecke deine Beine aus. Massiere angespannte Areale in deinen Knien und reibe oder klopfe schnell beide Seiten deiner Beine ab.

Entspanne dich in Rückenlage in *Shavasana*. Lockere deine Schultern und Arme, sodass sie neben deinem Köper zu liegen kommen. Deine Handflächen drehen sich nach oben. Öffne deine Beine ein wenig und lasse deine Füße nach außen rollen. Drehe deinen Kopf und deinen Hals langsam von einer Seite zur anderen, um alle Energieblockaden aufzulösen.

Achte auf die Qualität deines Atems und lasse jede Unannehmlichkeit in deinem Körper oder deinem Geist beim Ausatmen los. Atme alles aus, was aufkommen mag. Es gibt keinen Grund, über irgendetwas nachzudenken, oder irgendetwas zu untersuchen. Es ist nicht nötig, irgendetwas zu benennen. Spüre einfach nur, welcherlei Gefühle vorhanden sind und lasse los.

Yoga besagt, dass alles, was im Köper passiert, eine Reflektion dessen ist, was bereits im Geist geschehen ist, und dass umgekehrt, jede Handlung, die ein Mensch in seinem Körper ausführt, ein Gedanke ist, der im Geist eingepflanzt wird. *Meenasana* wird zuversichtliche und freudvolle Gedanken in den tiefen Winkeln deines Geistes platzieren.

Nimm deine Arme über deinen Kopf und strecke deine gesamte Wirbelsäule. Strecke und beuge deine Füße. Bevor du dich aufrichtest, um deine Zehen zu berühren, drücke zur Stabilisierung deines unteren Rückens deine Beckenbodenmuskeln zusammen, spanne dein Nabelzentrum an und lege dein Kinn auf die Brust. Richte dich beim Ausatmen auf und versuche dabei, deine Zehen zu berühren. Setze dich auf.

Komme zum Stehen. Führe deine Fersen zusammen, sodass deine Füße in einem spitzen Winkel zueinander stehen. Du solltest spüren, dass sich deine Beine entspannen. Drücke sowohl die Fersen als auch die Ballen deiner Füße in den Boden. Deine Schultern sind geöffnet, die Schulterblätter zeigen nach unten und die Hände befinden sich in *Vanekom Mudra* vor dem Herzen. Lasse diesen neuen Fluss von Blut, Lymphflüssigkeit und Prana durch deine Beine zirkulieren.

Das 5. Asana – *Nindra Kokkuasana*, **oder** *Uttanasana*, **Stehender Kranich**

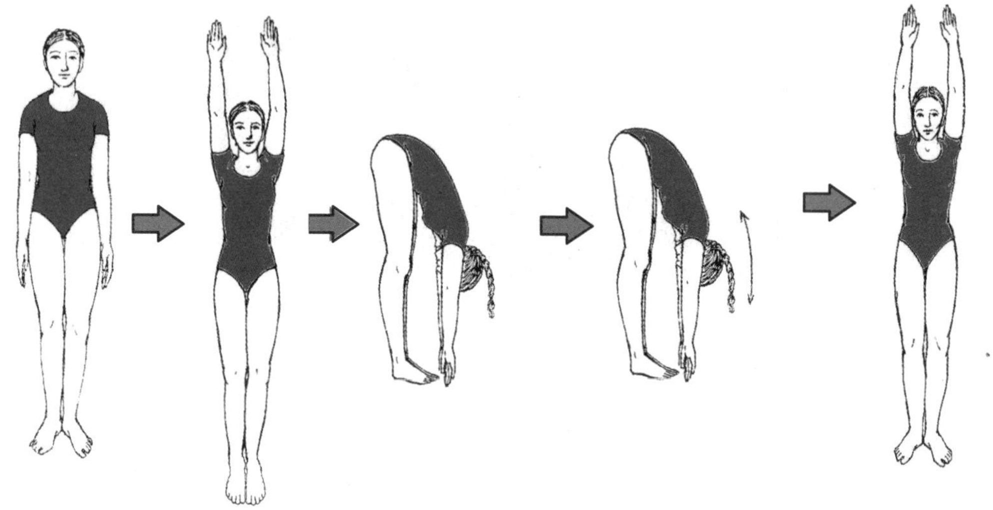

Es ist wichtig, darauf zu achten, dass sich die Knochen unseres Achsenskelettes in einer ausgeglichen Position befinden, wenn wir eine aufrechte Haltung einnehmen. Eine gute Körperhaltung zeichnet sich dadurch aus, dass der Kopf, die Wirbelkörper, der Beckengürtel und die Beine symmetrisch ausgerichtet sind. Die Füße sollten für diese stehende Vorwärtsbeuge in parallele Position gebracht werden. Wenn die Füße in einem spitzen Winkel zueinander stehen und die Fersen sich berühren, sind die Oberschenkel seitwärts gedreht, wodurch einer tiefen Beugung entgegengewirkt wird und Missverhältnisse in der Körperbasis verstärkt werden können. Strecke deine Knie nicht durch. Drücke die Fersen und die Ballen beider Füße in den Boden und spüre, wie die kleinen Zehen den Boden berühren. Wenn du deine beiden Füße gleich stark nach unten drückst, wirst du deine Knie nicht überstrecken.

Sei vorsichtig: Die Bewegung beim Vorbeugen sollte von der Hüftgelenkspfanne ausgehen. Wenn man sich auf Höhe der Taille nach vorne beugt, entsteht durch die Schwerkraft ein Zug nach unten, wodurch die Wirbel auseinanderbewegt werden. Die Lendenregion wird dann schlechter abgestützt. Durch das Stehen und das Hinabbeugen zu deinen Zehen werden die Bandscheiben im unteren Rücken zusammengedrückt und federende Auf- und Abbewegungen können Kreuzbeschwerden verschlimmern und sogar bei der Entstehung von Bandscheibenproblemen eine Rolle spielen. Die Schwerkraft beschleunigt die Vorwärtsbewegung.

Es ist besonders wichtig, darauf zu achten, dass die Bandscheiben und der untere Rücken bei dieser Haltung keinen Schaden nehmen, indem man eine Balance zwischen Kraft und Beweglichkeit findet und Überanstrengung vermeidet. Wir können die Haltung zusätzlich unterstützen, wenn wir dafür sorgen, dass die Bauchmuskulatur angespannt, der Beckenboden angehoben und der Atem ebenmäßig und tief bleibt. Auf diese Weise nutzen wir die Rückenmuskeln, die Bauchmuskeln, das Zwerchfell, den Beckenboden und den *Prana*, um die Rückenwirbel zu schützen.

Viele Menschen haben eine verhärtete rückseitige Oberschenkelmuskulatur, steife Hüften und – von ihren Fußsohlen über die Rückseite der Beine und des Rückens nach oben bis zur Schädelbasis – ein verfestigtes Bindegewebe. Diese stehende Vorwärtsbeuge dehnt das Rückenmark, steigert die Biegsamkeit und Beweglichkeit der Wirbelsäule und regeneriert die Nerven. Die gesamte Rückseite des Körpers, Knochen, Muskeln und Bänder, die Sehnen der Beine, Oberkörper und Hals werden gedehnt, wodurch die Durchblutung gesteigert wird. Der Ischiasnerv wird gedehnt. Die Anspannung der Bauchmuskulatur und die sanften Kriyas regen die Durchblutung an und reduzieren Fettablagerungen am Bauch. Die Haltung kräftigt die Fortpflanzungsdrüsen und die Funktion von Leber, Milz und Nieren. Sie kann für diejenigen vorteilhaft sein, die unter Depressivität oder einem hitzigen Temperament leiden, da sie die Gehirnzellen beruhigt und für Frieden sorgen kann, wenn man ca. fünf Minuten lang in ihr verbleibt. Es kommt zu einem gesteigerten Blutfluss in das Gehirn und zu einer verbesserten Durchblutung der Schilddrüse und der Nebenschilddrüsen. Die Herzfrequenz sinkt. Körperliche und geistige Vitalität nehmen zu.

****

Stelle deine Füße parallel zueinander und hüftbreit auseinander. Spreize deine Zehen, um dein Gewicht besser ausbalancieren zu können. Deine Beine sind gerade. Spanne deine Oberschenkel an; sowohl deine rückseitige Oberschenkelmuskulatur als auch dein Quadrizeps kontrahieren sich. Drücke die Fersen und Ballen deiner Füße nach unten, die kleinen Zehen berühren den Boden. Presse die Beckenbodenmuskeln zusammen, spanne dabei jene Muskeln an, die du benutzen würdest, um eine Harnblasenentleerung zu verhindern (*Mulabandha*) und kontrahiere deine Bauchmuskulatur, indem du deine unteren Bauchmuskeln anspannst. Wenn diese Muskeln kontrahiert sind, wirst du eine sofortige Festigung im unteren Rücken, eine Verlängerung der Wirbelsäule und eine Kraftzunahme spüren. Halte die Muskeln angespannt, während du ein- und ausatmest. Kontrahiere die Bauchmuskeln nicht so stark, dass du deinen Atem anhalten musst.

Atme tief ein. Nimm deine Arme über deinen Kopf, sodass sich deine Schulterblätter nach unten bewegen. Strecke dich ganz aus – entlang der Arme bis in die Fingerspitzen. Drücke die Fersen und Ballen deiner Füße in den Boden und spanne deine innere Oberschenkelmuskulatur an. Diese Bewegung übt Druck gegen die Schwerkraft aus. Vielleicht spürst du, dass deine Muskelenergie zunimmt.

Beuge dich aus der Hüfte heraus nach vorne, während du deine Arme nach vorne streckst, deine Wirbelsäule lang ziehst und dein Gesäß nach hinten drückst. Halte inne, sobald der Rücken parallel zum Boden ist. Die Schwerkraft wird die Bewegung beschleunigen, daher solltest du weiter Druck gegen den Boden ausüben und dich entlang deiner Arme strecken. Halte deine Beckenbodenmuskeln und dein Nabelzentrum angespannt.

Stelle dir mehrere Atemzüge lang vor, dass du die Atemenergie durch die Wirbelsäule vom Steißbein bis zu den Halswirbeln führst. Dein Kopf, dein Nacken und deine Wirbelsäule bilden eine gerade Linie. Mache tiefe Atemzüge. Beuge dich weiter nach vorne, sobald du dich durch den Atem unterstützt fühlst. Entspanne deinen Kopf und deinen Hals vollkommen, verschränke deine Finger, drehe deine Handflächen nach außen und führe kleine, behutsame, pulsierende Auf- und Abwärtsbewegungen aus, sodass sich die Handflächen dem Boden nähern. Viele Menschen haben verhärtete rückseitige Oberschenkelmuskeln, steife Hüften und ein verfestigtes Bindegewebe, wodurch diese Bewegung begrenzt wird. Du kannst die Lockerung der Muskeln durch sanfte Mikrobewegungen unterstützen, aber wippe nicht hin und her. Erzwinge die Dehnung niemals. Wenn du irgendeine Spannung oder eine Überbeanspruchung in deinem unteren Rücken bemerkst, beuge deine Knie.

Entspanne dich mit jeder Mikrobewegung tiefer. Deine Handflächen müssen nicht unbedingt den Boden berühren. Dies ist die „*Kriya* Phase", eine sanfte Wiederholung bzw. pulsierende Bewegung ohne Zwang oder Anstrengung. Diese innerlichen Mikrobewegungen massieren die inneren Organe, reduzieren Fettgewebe am Bauch und lösen einen Dehnungsreflex aus, sodass du dazu in der Lage sein wirst, die Dehnung zu intensivieren.

Für Asanas ist immer ein Gleichgewicht zwischen Kraft und Beweglichkeit erforderlich. Um diese Balance zu wahren, solltest du deinen Beckenboden angespannt halten, die Bauchmuskeln kontrahieren und darauf achten, dass sowohl die Ein- als auch die Ausatmung ebenmäßig und tief bleibt. Wende die *Ujjayi*-Atmung an. Dies alles gibt den Rückenmuskeln Kraft und Halt und fördert die Lockerung von verhärteten Muskeln.

Halte inne. Beuge deine Knie tief, sodass du deinen Oberkörper auf deinen Oberschenkeln ablegen und deine Knöchel oder die Rückseite deiner Beine fassen kannst. Atme in die Dehnung hinein. Massiere die Rückseite deiner Knie, um die Auslösung des Dehnungsreflexes zu fördern. Massiere die rückseitige Oberschenkel- und Wadenmuskulatur. Drücke die Fersen in den Boden, hebe deine Hüften leicht an und beginne, deine Beine langsam so weit zu strecken, wie es für dich angenehm ist. Drücke deine Brust gegen deine Oberschenkel, während du die Beine zu strecken beginnst. Wenn sich deine Brust von den Oberschenkeln abhebt, dann beuge deine Knie erneut.

Fühle dich mit dem Atem in die Dehnung hinein. Entspanne deinen Geist. Richte deine Konzentration auf *Swadhisthana Chakra* am Kreuzbein. Nimm wahr, wo im Körper Spannungen vorhanden sind. Lenke mental die Einatmung direkt zum Zentrum einer jeden Spannung und stelle dir vor, wie sie sich beim Ausatmen auflöst. Nimm mit jeder Einatmung bewusst reine Kraft und Vitalität auf und löse mit jeder Ausatmung Spannungen auf. Die Einatmung zu verlängern, wird die Kraft steigern. Eine Verlängerung der Ausatmung wird Spannungen beseitigen. Behalte die *Ujjayi*-Atmung bei, da sie dir dabei helfen wird, dir der Empfindungen bewusst zu bleiben und dir ermöglicht, die Haltung zu vertiefen. Die Wahrnehmungen während einer Dehnung können sich augenblicklich verändern. Das Äußere deines Körpers ist angespannt und straff, aber innerlich erfährst du vielleicht Fluidität, ein Gefühl der Bewegung, sobald der *Prana* frei durch die Energiekanäle fließt. Beende die Dehnung, falls du Schmerzen oder zunehmende Beschwerden verspüren solltest. Beuge deine Knie stärker, oder löse die Haltung langsam vollständig. Wahlweise kannst du auch in einer intensiven Dehnung verbleiben, falls es sich „gut" für dich anfühlt.

Frage dich, ob du dich in der Haltung noch stärker entspannen kannst. Schwäche die Hebelwirkung mithilfe deiner Arme ab. Entspanne deinen Kopf, deinen Hals und dein Gesicht. Stelle dir beim Atmen vor, dass du jene nach unten fließende Energie (*Apana*) vom Wurzelchakra durch die Beine und Füße lenkst. Entspanne deinen Geist ebenso wie deine Emotionen, indem du mental sagst „lass‘ los“, sobald du bemerkst oder spürst, dass entsprechender Widerstand, z.B. in Form von Gedanken wie „ich kann das nicht“ oder „ich habe genug davon“ oder durch andere Gefühle der Unruhe, zum Ausdruck kommt.

Löse langsam die Arme und lasse sie einen Moment lang hängen, atme dabei weiter. Wenn deine unteren Rückenmuskeln schwach sind, dann beuge deine Beine und lege deine Hände auf deine Taille. Ziehe deine Schultern nach hinten und unten und richte dich mithilfe der Kraft deiner Schultern wieder auf. Unterstütze deine Rückenmuskulatur weiterhin bewusst durch deinen Beckenboden und deine Bauchmuskeln und atme. Wenn dein Rücken stark ist, dann beuge deine Knie, drücke deine Füße in den Boden, strecke deine Arme aus und richte dich beim Einatmen wieder auf. Strecke dich entlang deiner Arme und Finger nach oben und drücke deine Füße in den Boden, halte diese Dehnung drei weitere Atemzüge lang.

Winkle deine Ellenbogen an und führe deine Hände in *Vanekom Mudra* vor das Herz. Bringe deine Fersen zusammen, sodass deine Füße in einem spitzen Winkel zueinander stehen. Entspanne dich im Stehen dreißig Sekunden lang. Öffne dich für die Qualitäten dieses Asanas. *Nindra* (stehend) *Kokkuasana* (Kranich) beruhigt die Hirnzellen und sorgt für körperliche und geistige Vitalität sowie für eine entspannte, friedvolle Verfassung. Die Haltung ist zur Linderung von körperlicher oder geistiger Erschöpfung und bei mentaler Depression, Schlafstörungen und Konzentrationsschwäche geeignet.

Das 6. Asana – *Vilasana,* oder *Dhanurasana,* Der Bogen (Gegenhaltung)

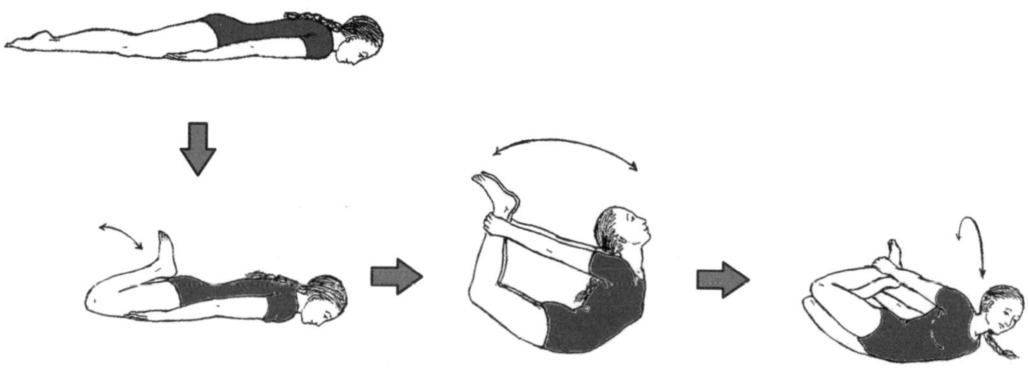

Bei **Vilasana**, oder der **Bogen-Haltung**, wird der Rücken stark gebeugt, wodurch der gesamte Verdauungstrakt regeneriert wird. Die Bauchorgane und –muskeln sowie die Leber, die Gallenblase, die Milz, die Nieren, der Dünndarm und der Dickdarm werden allesamt massiert. Die Bogen-Haltung ist für den Kreislauf, die Atmung, die Verdauung und Ausscheidung sowie die Fortpflanzung förderlich. Die Bauchspeicheldrüse und die Nebennieren werden stimuliert und tonisiert, was dabei hilft, ihre Sekretion im Gleichgewicht zu halten. Sie wird seit Jahren therapeutisch bei Diabetes mellitus eingesetzt, da sie die Durchblutung der Bauchspeicheldrüse anregt und somit dazu beitragen kann, den Blutzuckerspiegel zu stabilisieren. Sie hat sich bei Menschen mit Asthma als nützlich erwiesen, weil sie Energie in den sympathischen Nerven in der Brust und im Hals freisetzt, wodurch die Atmung generell verbessert wird. Das parasympathische Nervensystem wird stimuliert und alle Drüsen profitieren von der Dehnung in der Bogen-Haltung. Die Wirbelsäule wird regeneriert und neu ausgerichtet und die Bänder, Muskeln und Nerven werden gedehnt und angeregt. Sie kräftigt die oberen wie auch die unteren Extremitäten. Sie dazu dienlich, Übergewicht im Bauchraum zu beseitigen. Die Bogen-Haltung ist eines der kraftvollsten Asanas, um Spannungen aufzulösen und die Energie im Körper insgesamt zu steigern. Diese Haltung kann die Solar Plexus Energie stark anregen.

****

Lege dich auf den Bauch, platziere deine Arme (mit nach oben zeigenden Handflächen) längs neben deinem Körper und dein Kinn auf dem Boden. Deine Beine sind hüftbreit geöffnet.

Die erste Stufe: „Tritt“ auf deinem Bauch liegend - deine Arme befinden sich neben deinem Körper und dein Kinn auf dem Boden - mit deinen Fersen mehrmals auf dein Gesäß. Führe beim Ausatmen beide Fersen zum Gesäß. Bringe die Beine beim Einatmen zurück auf den Boden. Fahre damit mindestens dreißig Tritte lang fort. Du kannst wahlweise auch jeweils nur mit einem Bein gegen dein Gesäß treten. Diese Bewegung reduziert Spannungen in den Oberschenkeln, macht die Taille gelenkiger und tonisiert die Sakroileakalregion der Wirbelsäule. Sie kann dabei helfen, Trägheit im Körper abzubauen und Faulheit zu überwinden. Sie kräftigt außerdem die Kniegelenke, steigert die Zirkulation der Gelenksflüssigkeit in ihnen und trägt folglich dazu bei, sie vor Verletzungen und Arthritis zu schützen bzw. sie davon zu heilen.

Zweite Stufe: Fasse nach hinten und ergreife deine beiden Knöchel oder Füße. Drücke deine Füße nach hinten in deine Hände. Spüre den Zug in deinen Armen und Schultern, während der Brustkorb und der Kopf so weit wie möglich angehoben werden. Deine Oberschenkel können auf dem Boden liegen bleiben, sodass die Rückenmuskeln nicht aktiv werden müssen. Atme. Drücke die Beckenbodenmuskeln zusammen und ziehe dein Nabelzentrum in Richtung Wirbelsäule, atme anschließend ein und hebe sowohl deinen Brustkorb als auch deine Oberschenkel an. Deine Schultern sollten nicht bis zu den Ohren hochgezogen werden. Die Schulterblätter sollten nicht zusammengedrückt werden. Halte den Rücken offen, damit die Energie frei fließen kann. Atme aus und lege deinen Brustkorb und deine Oberschenkel wieder auf den Boden. Du solltest diese Haltung mehrmals hintereinander einnehmen und sie wieder lösen, sodass sich die Beugung deines Rückens auf angenehme Weise verstärkt. Erhebe dich danach in den vollen Bogen. Hebe deinen Brustkorb, deinen Kopf und deine Oberschenkel hoch und verbleibe ruhig atmend in der Haltung. Achte darauf, dass deine Beine und deine Knie parallel zueinander sind und dein Rücken offen ist. Überstrecke deinen Nacken nicht. Der Bauch trägt deinen gesamten Körper auf dem Boden. Halte die Beckenbodenmuskeln (*Mulabandha*) kontrahiert und dein Nabelzentrum angespannt.

Dritte Stufe: Beginne, vor und zurück zu schaukeln. Atme ein, wenn du nach hinten wippst und aus, wenn du nach vorne wippst. Setze deine Wirbelsäule ein, um der Bewegung mehr Kraft zu verleihen. Mache dies mindestens neun Mal. Komme zur Mitte zurück und rolle dich dann auf die rechte Seite. Verbleibe in dieser Position, atme, strecke dich und verstärke den Bogen. Atme tief und energetisiere so deine Wirbelsäule. Rolle zur Mitte zurück und danach auf die linke Seite, verbleibe in dieser Position, strecke dich und verstärke den Bogen. Atme. Halte den Beckenboden angehoben und das Nabelzentrum angespannt. Rolle nun ein paar Mal hin- und her, von der rechten zur linken Seite. Komme zur Mitte zurück. Löse den Bogen, aber halte deine Füße bzw. Knöchel weiterhin fest. Entspanne dich.

Vierte Stufe: Spanne deinen Beckenboden und dein Nabelzentrum an. Atme tief ein und erhebe dich noch einmal in den vollen Bogen. Lasse dich beim Anheben und beim Halten vom *Prana* unterstützen. Atme ein und führe dabei Energie die Wirbelsäule entlang nach oben. Spüre, wie sich die Energie beim Ausatmen in der Brust ausdehnt. Dies kräftigt den gesamten Körper.

Löse die Haltung und lasse dich entspannt auf den Boden sinken. Dein Körper befindet sich immer noch in Bauchlage. Lege deine Arme längs neben deinen Körper. Drehe deinen Kopf, sodass deine rechte Wange den Boden berührt. Beobachte deinen Atem. Falls er beschleunigt sein sollte, verlangsame ihn. Lasse mindestens dreißig Sekunden lang aktiv jedes Unbehagen, jede Spannung und jedes Gefühl von Anstrengung oder Frustration beim Ausatmen los. Drehe deinen Kopf, sodass die linke Wange den Boden berührt, und entspanne dich weitere dreißig Sekunden lang. Bleibe auf die inneren Empfindungen fokussiert. Die Bogen-Haltung ist eines der kraftvollsten Asanas zur

Auflösung von Spannungen und zur Steigerung der insgesamten Energie im Körper. Entspanne dich einige Minuten lang völlig, damit ausreichend Zeit bleibt, die Giftstoffe zu den Ausscheidungsorganen zu transportieren.

Um die Entspannung zu beenden, lege dein Kinn wieder auf den Boden und deine Hände seitlich neben die Schultern, drücke deine Zehen in den Boden und richte dich zum Vierfüßlerstand auf. Verlagere dein Gewicht nach hinten und setze dich auf deine Füße zurück. Strecke deine Arme komplett vor dir aus. Lege deine Hände flach auf den Boden. Öffne deine Achseln. Fokussiere dich auf deinen Rücken und atme in ihn hinein.

Drücke deine Finger und Handflächen nach unten und deine Zehen in den Boden. Hebe dein Gesäß an, sodass dein Körper mit dem Boden ein Dreieck bildet. Verlagere dein Gewicht nach hinten. Stelle dich auf deine Zehen und strecke die Rückseite deines Körpers. Drücke dann die Außenkanten deiner Füße in Richtung Boden (das entspricht der Berg-Haltung bzw. dem herabschauenden Hund beim Sonnengruß). Atme und spüre, wie die gesamte Rückseite deines Körpers gedehnt wird.

Bringe dein rechtes Bein zwischen deinen Armen hindurch zur rechten Hand und dein linkes Bein zur linken Hand. Führe deine Hände in *Vanekom Mudra* vor die Brust und rolle dich langsam in den Stand nach oben. Entspanne dich tief in der fließenden Energie, während du still da stehst, dich ausrichtest, erdest und zentrierst.

Das 7. Asana – *Viparitakarani*, **Überkopfhaltung**, oder Haltung des „gegensätzlichen Tuns"

Bei *Viparitakaraniasana* liegt der Hauptfokus auf der Herz- und Lungenregion. Die Bewusstheit, der Atem und der Körperschwerpunkt werden im Herzen konzentriert. Es heißt, *Viparitakarani* werde praktiziert, um das Herz für Liebe und Mitgefühl zu öffnen. Die Haltung steigert die Durchblutung aller Drüsen des Körpers. Das Großhirn wird angeregt. Die Muskel-, Haut- und Gesichtszellen werden genährt. Die Verdauung und die Ausscheidung arbeiten effektiver und die Fortpflanzungsdrüsen werden gestärkt. Überanstrengung und Erschöpfung im Kopf, den Beinen und den Füßen werden gemildert. Diese Haltung fördert Vitalität und Ausdauer.

****

Lege dich auf deinen Rücken – dein Kopf, dein Nacken und deine Wirbelsäule sollten dabei eine gerade Linie bilden. Beuge deine Knie, ziehe die Oberschenkel an, sodass sie über dem Bauch zu liegen kommen und lockere deine Fußgelenke; strecke deine Zehen und wackle mit ihnen; beuge die Füße; kreise deine Knöchel in beide Richtungen. Lasse dir hierbei Zeit, damit die Fußgelenke geöffnet werden, das Bindegewebe gedehnt, stagnierte Lymphflüssigkeit beseitigt und der Rückfluss von venösem Blut gefördert wird.

Lege deine Arme längs neben deinen Körper auf den Boden. Atme in die Wirbelsäule hinein. Spanne deine Beckenboden- und Bauchmuskulatur an. Strecke deine Beine nach oben Richtung Decke. Drücke deine Hände nach unten in den Boden und hebe dein Gesäß und deinen Rücken – Wirbel für Wirbel - vom Boden ab. Deine Beine sind zu deinem Kopf hin geneigt. Hebe die Brustwirbelsäule (hinter dem Herzen) nicht zu weit vom Boden.

Platziere deine Hände am Kreuzbein (dem flachen, dreieckigen, aus fünf miteinander verschmolzenen Wirbeln bestehenden Anteil des unteren Rückens genau über dem Steißbein). Alternativ kannst du deine Hände von außen an deine Hüfen legen und sie mit ihnen umschließen. Führe deine Ellenbogen eng zusammen. Kippe dein Becken nach vorne, sodass dein Körpergewicht gemeinsam von deinen Schultern, Armen und Händen getragen wird. Das Körpergewicht sollte gleichmäßig zwischen den Händen, Ellenbogen und Schultern verteilt sein und der Rücken wird von den Schultern bis zu den Hüften in der Schwebe gehalten. Der Körperschwerpunkt liegt in der Brust, im Herzraum. Das Atmen ist sehr angenehm. Das Kinn wird nicht gegen die Brust gedrückt und der Kopf ist frei beweglich.

Du kannst deine Beine von den Hüften ab auch in eine vertikalere Position bringen, falls dir das lieber sein sollte. Entspanne die Füße. Wenn du zu starken Druck in den Ellenbogen verspüren solltest, dann neige die Beine stärker zum Kopf, oder du kannst versuchen, in die Spannung in den Ellenbogen hineinzuatmen, um sie aufzulösen. Sei dir bewusst, dass je stärker du die Beine senkrecht aufrichtest, desto mehr Gewicht auf den Nacken verlagert wird. Die Beine sollten so positioniert sein, dass weder die Ellenbogen noch der Nacken überbeansprucht werden. Dies sollte eine entspannte Haltung sein.

Die Beine sind zwar gerade, unterliegen aber dennoch einer passiven Dehnung. Der Kreislauf leitet Blut aus den Füßen und den Beinen ab und befördert es in die Brust. Das Herz und die Lungen profitieren davon, stärker als gewöhnlich mit Blut versorgt zu werden.

Diese Umkehrhaltung wirkt äußerst entspannend und stark reinigend. Verbinde dich mit dieser entspannenden Eigenschaft. Schließe deine Augen und sei ruhig.

Rolle deine Zunge nach oben, sodass sie gegen den weichen Gaumen gedrückt wird und fokussiere deine Aufmerksamkeit ein paar Augenblicke lang dort. Fange an, still das Bija Mantra *Yam* zu chanten, um das spirituelle Herz zu öffnen. Lasse das Mantra deine Aufmerksamkeit auf den Herzraum lenken. Beginne, das Mantra in einem zyklischen Muster in das Herzzentrum in der Wirbelsäule hinein und aus ihm heraus zu atmen.

Lasse bei jeder Einatmung mental *Yamm* erklingen. Spüre, wie die Energie am Gaumen freigesetzt wird und sich nach unten zum Herzzentrum in der Wirbelsäule fortpflanzt. Lasse auch beim Ausatmen mental ein *Yamm* erklingen, welches sich durch das von dir an der Vorderseite des Körpers wahrgenommene Herz nach oben und zurück zum Hals bewegt. Halte deine Bewusstheit bei den sich verändernden Empfindungen, die aufkommen, während du dieses Mantra durch das Herz hindurch atmest.

Prima! Es kann sein, dass du spontane Kontraktionen oder Pulsationen bemerkst. Dieses spirituelle Zentrum ist mit altruistischer Liebe, einem Gefühl der Ausdehnung und mit der unentwegten Natur des höheren Geistes verknüpft. Das Herzzentrum muss offen sein, wenn man sein unendliches Selbst erfahren will. Spüre, wie die Schwingung des Mantras das Herz versüßt und mit einer feinen Energie erfüllt.

Um die Haltung zu beenden, lege deine Arme nah dem Körper auf den Boden, drücke deine Hände in den Boden und lasse deine Wirbelsäule langsam - Wirbel für Wirbel - abrollen. Wenn das Gesäß den Boden berührt, dann strecke deine Beine senkrecht nach oben.

Verbleibe eine Minute lang so und sei dir dabei des Energieflusses bewusst, der nach unten in dein Nabelzentrum strömt. Halte deine Beine gerade und deine Beckenboden- und Bauchmuskulatur kontrahiert. Lege deine Beine langsam auf dem Boden ab, halte dabei deine Bauch- und Beckenbodenmuskeln weiterhin angespannt. Falls du irgendwelche Beschwerden im unteren Rücken verspüren solltest, dann beuge deine Knie und stelle deine Füße auf den Boden. Entspanne dich vollkommen in Shavasana in Rückenlage.

Atme tief und lasse jedes Gefühl von Unbehagen – körperlich oder emotional – los, das vielleicht aufkommen mag. Achte auf die Qualität deines Atems. Bleibe dir der inneren Empfindungen bewusst.

Nimm deine Arme über deinen Kopf und strecke dich lang, beuge dabei deine Füße. Atme ein und strecke dich noch einmal. Atme aus, spanne deine Beckenboden- und Bauchmuskeln an, lege dein Kinn auf deine Brust und richte dich auf, um deine Zehen zu berühren, setze dich anschließend aufrecht hin.

Das 8. Asana - *Pathi Meenasana,* **oder** *Ardha Matsyasana,* **Halbe Fisch-Haltung (Gegenhaltung)**

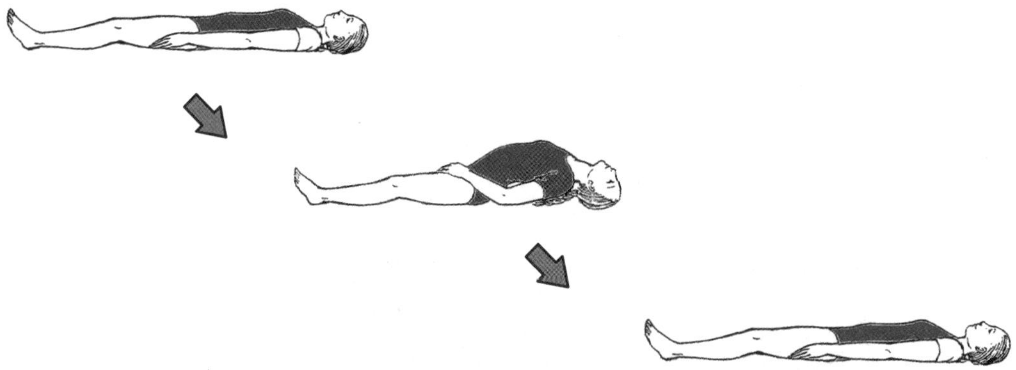

Viparitakarani (Überkopfhaltung) und *Pathi Meenasana* (Halber Fisch) lassen sich beide gut am Abend vor dem Schlafengehen praktizieren, um den Übergang in einen tiefen und erholsamen Schlaf zu erleichtern. Die Halbe Fisch-Haltung kann dazu beitragen, eine tiefe Atmung und einen geruhsamen Schlaf zu fördern. Sie wird denjenigen nützen, die unter Asthma leiden, da sie die Muskeln entspannt, die sich um die Bronchiolen herum zusammenziehen und so die Luftpassage einschränken können. Die Körperdrüsen werden gestärkt und der Stoffwechsel ausgeglichen. Die Haltung sorgt für eine Balance zwischen dem sympathischen und dem parasympathischen Nervensystem und senkt den Blutdruck. Man kann diese Haltung eins bis zwei Minuten lang im Bett kurz vor dem Einschlafen praktizieren.

Die Haltung kann erfolgreich dafür eingesetzt werden, psychische Veränderungen einzuleiten, falls man regelmäßig 10 Minuten oder länger in ihr verbleibt und dies mit positiver Autosuggestion kombiniert. Man kann den Halben Fisch bequem beibehalten, wenn man ein festes Kissen, eine Nackenrolle oder eine zusammengerollte Decke unter dem oberen Rücken platziert. Man kann auch ein zusammengerolltes Handtuch zur Unterstützung hinter den Nacken bzw. um ihn herum legen. Die Arme sind von den Schultern ab ausgestreckt. Die Brust und der Nacken sollten angehoben und geöffnet und die Schultern entspannt bleiben. Man sollte in der Haltung in tiefer physischer und mentaler Behaglichkeit verweilen können. Wenn man längere Zeit in der halben Fisch-Haltung verbleibt, stimuliert sie die Ausschüttung von Endorphinen und hilft so, Depressivität entgegenwirken.

****

Zur Vorbereitung auf *Pathi Meenasana* vergewissere dich, dass du mit ganz ausgestreckten Beinen auf deinen Sitzbeinhöckern (Tubera ischiadica) sitzt. Lege deine Unterarme neben deinem Körper auf den Boden und lehne dich auf sie zurück. Die Sitzbeinhöcker (das sind die knöchernen Vorsprünge am unteren Ende des Rumpfes) zeigen dann nach unten und das Schambein nach vorne. Achte darauf, wie dadurch das Becken gekippt wird, sodass sich das Kreuzbein nach oben Richtung Taille bewegt. Setze die Beckenbodenmuskeln ein und spanne dein Nabelzentrum an, indem du es Richtung Wirbelsäule ziehst. Beginne mit der Wirbelsäulenatmung. Führe Energie beim Einatmen entlang der Wirbelsäule nach oben und spüre, wie sich die Energie beim Ausatmen ausdehnt. Hebe deinen Brustkorb vom Herzen her an, blicke nach oben und lasse dich vorsichtig nach hinten sinken.

Hebe dein Kinn und führe den Hinterkopf zum Boden. Setze den Scheitel deines Kopfes auf dem Boden auf, falls dir das beschwerdefrei möglich ist. Durch das Anheben der Herzregion wird die Brustwirbelsäule stärker durchgebogen als die Lendenwirbelsäule. Lasse zu, dass deine Füße und deine Oberschenkel aufklappen bzw. sich nach außen drehen. Deine Brust und dein Nacken sollten angehoben und deine Schultern entspannt bleiben.

Du kannst dich weiterhin auf deinen Unterarmen abstützen, oder deine Arme auf deine Oberschenkel legen, oder sie in Gebetshaltung (*Vanekom Mudra*) zu deinem Herzzentrum führen. Atme. Wenn du möchtest, kannst du deine Hände alternativ in der Gebetshaltung auch umdrehen, sodass deine Fingerspitzen dein Brustbein berühren, und sanft im Bereich der Thymusdrüse auf deine Brust klopfen, um das Immunsystem zu stimulieren. Die Fisch-Haltung kräftigt alle Drüsen im Körper und gleicht den Stoffwechsel aus.

Halte das Asana in Stille. Fokussiere dich auf den Herzraum. Nimm wahr, wie durch das volle Atmen Energie in der Wirbelsäule in Richtung Hals und Kopf befördert wird. Du solltest äußert bequem in dieser Version der Fisch-Haltung verweilen können. Wenn du Beschwerden verspürst, dann beende die Haltung langsam. Das längere Verbleiben in der Fisch-Haltung kann tiefgreifende spirituelle Auswirkungen haben, da das Herz und die oberen *Adharas* (Zentren psychischer Energie) dazu angeregt werden, universelle Energie und Liebe zu entsenden und zu empfangen. (Schlucke, huste oder niese nicht, während du dich in dieser Haltung befindest, da dadurch ein Würgereiz ausgelöst werden könnte. Übe die Haltung auch nicht, wenn du Fieber oder Kopfschmerzen hast.)

Um die Haltung zu beenden, lege deine Unterarme wieder auf den Boden. Drücke deine Ellenbogen und deine Unterarme in den Boden, bringe dein Kinn in Richtung Brust und lege deinen Kopf und deinen Nacken sehr vorsichtig und kontrolliert auf dem Boden ab. Entpanne dich in Rückenlage und drehe deinen Kopf von einer Seite zur anderen, um eventuelle Energieblockaden im Hals zu beseitigen. Bleibe dir der innerlichen Empfindungen bewusst. Beim Lösen der Haltung wird der *Prana* dazu angeregt, seinen normalen Fluss umzukehren und nach unten sinken. Dies führt zu pranischer Stille und mentalem Schweigen. Achte auf die Qualität des Atems. Du solltest feststellen, dass dein Atem leichter und feiner geworden ist.

Löse bewusst jedes eventuell aufkommende Unbehagen beim Ausatmen auf.

Nimm deine Arme über deinen Kopf, strecke und beuge deine Zehen und ziehe deine Wirbelsäule lang. Spanne deine Beckenboden- und Bauchmuskeln an, lege dein Kinn auf deine Brust und richte dich beim Ausatmen auf, um deine Zehen zu berühren. Setze dich auf. Überkreuze deine Beine und komme zum Stehen. Führe deine Fersen zusammen, sodass deine Füße in einem spitzen Winkel zueinander stehen. Spreize deine Zehen. Drücke deine Füße in den Boden. Öffne deine Schultern und führe deine Hände in *Vanekom Mudra* zum Herzen.

Das 9. Asana - *Kalapoyasana* oder *Halasana*, Die Pflug- Haltung

Die körperliche Gesundheit hängt von der Beweglichkeit der Wirbelsäule ab. Ein entscheidender Faktor des physischen Alterns ist der Grad an Flexibilität bzw. Steifigkeit der Wirbelsäule. Die nächste Haltung, *Kalapoyasana* oder Pflug-Haltung, ist der allgemeinen Gesundheit und dem Wohlbefinden besonders zuträglich. Sie dient als perfekter Ausgleich zur normalen Anordnung der Wirbelsäule. Sie dehnt das Rückenmark und versorgt so die Rückenmarksnerven mit Blut. Sie kann durch Überbelastung verursachte Schmerzen im oberen und unteren Rücken lindern. Die Haltung entspannt verhärtete Schulter- und Nackenmuskeln.

Die Pflug-Haltung steigert die Durchblutung des gesamten Körpers. Sie verbessert die Blutversorgung des Herzens. Sie fördert die Gesundheit von Schilddrüse, Nebenschilddrüsen und Thymusdrüse und sorgt so für physische Vitalität und emotionale Stabilität. Sie hilft, Stoffwechselstörungen entgegenzuwirken. Der Blutfluss in das Gehirn wird verbessert, wovon sowohl die Hirnanhangs- als auch die Zirbeldrüse profitieren. Die erzeugte Verengung im Halsbereich wird den Blutdruck senken, Entspannung hervorrufen und dazu beitragen, mentale Faulheit zu beseitigen. Dieses Asana kann die eigene Arbeitsfähigkeit steigern.

Achtung: Durch die Pflug-Haltung wird auf die empfindlichen Knochen in der Halswirbelsäule ein sehr großer Druck ausgeübt. Im Alter degenerieren diese Wirbel. Es ist äußerst wichtig, sich sehr langsam in die Haltung hineinzubegeben, damit die Wirbelsäule keinen Schaden nimmt. Sobald du dich in dem Asana befindest, solltest du deinen Kopf und deinen Hals absolut still halten. Die Pflug-Haltung ist kontraindiziert, wenn die Halswirbelsäule vorgeschädigt ist, oder man unter einer Arthritis im Halsbereich leidet.

****

Lege dich flach auf den Rücken und bringe den Kopf, den Nacken und die Wirbelsäule in eine Linie. Ziehe deine Knie über deinem Bauch ein und lockere die Fußgelenke. Spreize und beuge die Zehen fünfmal. Strecke und beuge deine Füße fünfmal und lasse anschließend deine Knöchel in beide Richtungen jeweils fünfmal kreisen.

Spanne deine Beckenboden- und deine Bauchmuskeln an und strecke deine Beine gerade nach oben. Atme in die Wirbelsäule hinein. Atme ein und führe den Atem entlang der Wirbelsäule nach oben. Atme aus und lasse den Atem sich im Körper ausdehnen. Strecke deine Beine schräg über deinen Kopf. Nimm die Dehnung in der rückseitigen Oberschenkelmuskulatur wahr. Lasse den Nacken lang werden. Drücke deine Hände in den Boden und hebe dein Gesäß an. Halte deine Aufmerksamkeit auf die Dehnung in der rückseitigen Oberschenkelmuskulatur gerichtet, während du langsam deine Beine hinter deinem Kopf zum Boden senkst.

Platziere deine Hände auf deinem unteren Rücken. Deine Ellenbogen sollten möglichst nah beisammen auf dem Boden liegen, sodass sich der Nacken vom Boden abhebt. Das zwischen den Schultern und dem Hinterkopf entstehende Dreieck wird verhindern, dass du die Nackenmuskeln überbeanspruchst, oder zu viel Druck auf die Halswirbelsäule ausübst. Eine derartige Beugung in der Hüfte hilft, Blähungen zu lindern und wird die Bauchorgane angenehm massieren.

Atme weiter durch deine Wirbelsäule, während du deine Füße hinter deinem Kopf Richtung Boden bewegst. Führe deine Füße nicht gewaltsam bis zum Boden. Spüre, wie die Rückseite deiner Beine mit Blut durchströmt wird, während du die Dehnung aufrecht erhältst. Achte darauf, dass dein Kopf, dein Hals und deine Wirbelsäule geradlinig angeordnet sind. Falls du deine Füße nicht mühelos bis zum Boden bringen kannst, dann lasse sie in angenehmer Entfernung vom Boden in der Luft hängen. Alternativ kannst du deine Knie auf deinem Stirnzentrum ablegen.

Wende die Kriyas, die Mikro-Bewegungen, an und übe einen sanften Impuls in Richtung deiner Füße aus. Lasse zu, dass die Mikro-Bewegungen deine Rückenmuskeln lockern und für Spannkraft und Gelenkigkeit deiner Wirbelsäule sorgen. Du kannst diese Bewegungen auch dann ausführen, falls deine Knie auf deinem Stirnzentrum liegen sollten, so als ob du das Stirnzentrum massieren wolltest. Setze *Ujjayi* zusammen mit der Wirbelsäulenatmung ein.

Beende die Kriyas und entspanne dich in die Haltung hinein. Du kannst deine Hände zur Abstützung entweder auf deinem Rücken belassen, oder – falls dir das lieber sein sollte – deine Arme auf den Boden legen, dabei deine Finger ineinander verschränken und deine Schulterblätter näher zusammen bringen, um dadurch das Stützdreieck für deinen Nacken zu verstärken.

Lasse zu, dass deine Aufmerksamkeit auf den Klang des Atems, den er beim Passieren des Halses erzeugt, gelenkt wird. Bleibe konzentriert, damit das feinstoffliche Zentrum im Hals stimuliert wird. Schließe deine Augen, atme und entspanne dich tief in jede Empfindung hinein, die du verspürst. Während du atmest, werden die inneren Organe durch die Bewegung des Zwerchfells massiert. Es kann sein, dass du ein Kribbeln über dem Körper bemerkst und verschiedene Energiefelder wahrnimmst.

Beuge dann deine Knie und führe sie beidseits neben deinen Kopf. Verbleibe mehrere Atemzüge lang in dieser Haltung, falls dir das keine Beschwerden bereitet. Diese Abwandlung der Haltung, bei der man die Knie gegen die Ohren drückt, wird eine tiefe Entspannung im Oberkörper, den Armen und den Beinen ermöglichen.

Um die Haltung zu beenden, lasse den Rücken und das Gesäß langsam absinken, während du die Handflächen in den Boden drückst. Strecke die Beine erneut senkrecht nach oben. Atme in dieser Position mehrmals ein und aus und werde dir der Energie bewusst, die in das Nabelzentrum hinein fließt. Lasse zur Stärkung deines Nabelzentrums deine gestreckten Beine so langsam wie möglich unter Zuhilfenahme deiner Bauch- und Beckenbodenmuskulatur zum Boden sinken. (**Vergiss nicht:** falls sich dein Rücken schwach anfühlen sollte, dann beuge einfach deine Knie und stelle deine Füße auf den Boden.)

Spüre, wie Energie freigesetzt und vom gesamten Körper aufgenommen wird. Entspanne dich in Rückenlage in *Shavasana* und bleibe auf die Qualität deines Atems und auf die inneren Empfindungen konzentriert. Jede Haltung sollte dich in einen tieferen Zustand der Entspannung versetzen und dazu beitragen, dass sich Körper und Geist zunehmend beruhigen und entspannen.

Nimm deine Arme über deinen Kopf und strecke dich lang. Strecke und beuge deine Füße und richte dich auf, um deine Zehen zu berühren. Setze dich auf.

Das 10. Asana – *Paambuasana*, oder *Bhujangasana*, Die Schlange (Gegenhaltung)

Paambuasana, oder die Schlangen-(Kobra)-Haltung, baut – physisch und auch mental – ein Gefühl innerer Stärke auf. Sie wird, genauso wie die Pflug-Haltung davor, Spannungen in den Schultern, dem Nacken und dem oberen Rücken (Brustwirbelsäule) auflösen und die Wirbelsäule in die Länge ziehen und tonisieren. Die Pflug- und die Schlangen-Haltung harmonisieren den Körper, indem sie die Wirbelsäule kräftigen und Energie vom Wurzelzentrum (*Muladhara*) an der Basis der Wirbelsäule zu dem höheren Energiezentrum (*Ajna*) zwischen den Augenbrauen lenken. Sie arbeiten darauf hin, die oberen und die unteren Körperenergien zu verbinden und die positiven und die negativen Energien auszugleichen. Die Schlangen-Haltung verfeinert diese elektro-magnetische Kraft im Körper. Die Schlangen-Haltung stimuliert die Hirnnerven, lindert Anspannung und versorgt Körper und Geist mit neuer Energie.

Die Schlangen-Haltung hilft, eine normale, gesunde Ausrichtung der Wirbelsäule zu gewährleisten. Durch regelmäßige Praxis kann sogar eine Verschiebung innerhalb der Wirbelsäule korrigiert werden. Die Schlangen-Haltung kann einen Rundrücken ausgleichen und Rückenschmerzen lindern. Die gesamte Wirbelsäule erfährt einen gleichmäßigen Zug nach vorne. Die tiefen Rückenmuskeln werden abwechselnd kontrahiert und entspannt, während man sich in der Haltung nach oben und nach unten bewegt, sodass diese Muskeln beansprucht und mit Blut versorgt werden, wodurch die Gesundheit und Elastizität der Wirbelsäule gefördert werden.

Die Schlangen-Haltung wärmt das gesamte System auf und verbessert die neuromuskuläre Koordination. Durch das Wölben der Wirbelsäule wird die Durchblutung des Rückens gesteigert und die Kommunikation zwischen den Nerven, dem Gehirn und dem Körper gefördert. Die zweiunddreißig Rückenmarksnervenpaare und die zwei mit Ganglien versehenen Stränge der sympathischen Nerven werden alle gleichermaßen stimuliert. Das Nachhintenstrecken des Halses in dieser Haltung kann dabei helfen, die Funktion der Schilddrüse und der Nebenschilddrüsen zu normalisieren. Therapeutisch wird sie unterstützend eingesetzt, um Migräneanfällen vorzubeugen.

Die Schlangen-Haltung öffnet und dehnt den Brustkorb und die Schultern, wovon sowohl die Lungen- als auch die Herzfunktion profitieren. Diese Dehnung lässt das Blut schneller fließen und ermöglicht dadurch, dass die Organe zusätzlich mit oxygeniertem (sauerstoffreichem) Blut versorgt werden. In klinischen Studien ist ihre cholesterinsenkende Wirkung nachgewiesen worden, somit ist sie bei Herz-Kreislauf-Erkrankungen hilfreich. Diese Haltung stimuliert außerdem die Thymusdrüse und trägt folglich dazu bei, die Immunfunktion zu stärken. Sie dehnt die Bauchmuskeln und erhöht den intraabdominellen Druck. Die Dehnung und der Druck im Bauchraum helfen, Verstopfung zu lindern und stärken das Fortpflanzungssystem, da die Eierstöcke und die Gebärmutter tonisiert werden, und haben außerdem bei Menstruations- und anderen gynäkologischen Störungen eine heilsame Wirkung. Zusätzlich werden bei der Schlangen-Haltung die Leber, die Nieren, die Gallenblase, die Milz, die Nebennieren und die Bauchspeicheldrüse massiert, was sich auf deren Funktionstüchtigkeit positiv auswirkt.

****

Lege dich bäuchlings auf deine Matte. Platziere deine Arme mit nach oben zeigenden Handflächen längs neben deinem Körper und dein Kinn auf dem Boden, dein Kopf bildet mit der Wirbelsäule eine gerade Linie. Spanne deine Beckenbodenmuskeln an (*Mulabandha*), ziehe dein Nabelzentrum in Richtung Wirbelsäule und kontrahiere dabei zur Entlastung deiner Kreuzbeinregion deine unteren Bauchmuskeln. Behalte diese Muskelkontraktionen stets bei, solange du das Asana praktizierst. Deine Beine können geschlossen bleiben, öffne sie allerdings so weit wie nötig, um deinen unteren Rücken zu entlasten. Spanne die inneren Oberschenkelmuskeln (Adduktoren) an.

Durch diese Muskelkontraktionen wird sich dein Becken stabil anfühlen, wenn du deinen Oberkörper beim Einatmen vom Boden abhebst. Falls du ein Druckgefühl in deinem Kreuzbein und deiner Lendenwirbelsäule verspüren solltest, dann öffne deine Beine etwas weiter. Deine Arme sollten entspannt neben deinem Körper liegen bleiben. Ziehe deine Wirbelsäule lang, während du deinen Kopf und deine Brust hochhebst. Blicke nach vorne. Setze die Wirbelsäulenatmung ein, um die Haltung innerlich zu unterstützen. Jede Einatmung führt Energie entlang der Wirbelsäule nach oben, während du deinen Oberkörper anhebst. Lasse deinen Oberkörper und dein Kinn beim Ausatmen zurück auf den Boden sinken, wobei dein gesamter Körper von Energie durchströmt wird. Deine Atmung ist stetig und auf deine Bewegungen abgestimmt. Mit jeder Einatmung hebt sich dein Oberkörper und bei jeder Ausatmung senkt er sich wieder zum Boden.

Du benutzt deine unteren Rückenmuskeln und setzt zusätzlich auch deine Bauch-, Adduktoren- und Gesäßmuskulatur, deinen Beckenboden und dein Zwerchfell ein. Deine Wirbelsäule sollte sich stabil anfühlen, während du dich mit dem Atem auf- und abwärts bewegst. Es ist wichtig, deine Bewegungen mit deiner Atmung zu koordinieren und das Bewusstsein auf deine Wirbelsäulenatmung gerichtet zu halten. Sei dir des nach oben fließenden *Pranas* gewahr, der die Hebung verstärkt und ebenso des sich nach außen ausdehnenden *Pranas*, der die Bewegung zurück zum Boden unterstützt. Fahre damit fort, bis die Wirbelsäule sich offen und gekräftigt anfühlt.

Bringe für die zweite Stufe deine Hände auf Schulterhöhe, sodass deine Daumen sich am Brustansatz befinden und deine Ellenbogen dicht am Körper anliegen. Deine Schulterblätter bewegen sich nach hinten und unten. Falls sich dein Rücken sehr angespannt anfühlen sollte, kannst du deine Hände ein wenig nach vorne rutschen lassen oder sie etwas weiter von deinem Körper wegschieben. Durch diese Positionierung der Hände wird der Rücken unterstützt und die Belastung vom Rücken auf die Schultern verlagert.

Achte darauf, dass du weiterhin die Beckenbodenmuskeln zusammendrückst, den Nabel nach innen in Richtung Wirbelsäule ziehst und die innere Oberschenkelmuskulatur anspannst. Drücke das Schamdreieck nach unten, wenn du deinen Körper anhebst. Ziehe deine Wirbelsäule lang, während du dich beim Einatmen aufrichtest und hebe sie dabei Wirbel für Wirbel an, anstatt sie gleich vollständig nach hinten durchzubiegen. Dein Becken sollte auf dem Boden liegen bleiben. Die Haltung deines Kopfes, deines Halses und deiner Schultern sollte aufeinander abgestimmt sein; deine Augen sind geradeaus gerichtet. Deine Schulterblätter zeigen nach hinten und unten. Deine Ellenbogen bleiben leicht gebeugt, sodass deine Herzregion nach vorne gedrückt wird. Diese Haltung erzeugt eine stärkere Krümmung in der Brustwirbelsäule, wodurch etwas Druck von der Lendenwirbelsäule genommen wird.

Fahre mit der Wirbelsäulenatmung fort, solange du das Asana beibehältst. Mit jeder Einatmung wird Energie entlang der Wirbelsäule nach oben gelenkt. Falls du die Haltung lösen musst und sie anschließend wieder einnehmen willst, dann koordiniere dabei deine Bewegungen mit dem Atem.

Als Variation kannst du deinen Oberkörper in der Schlange zur Seite drehen, um die Dehnung im Bauch, den Rückenmuskeln und den Eingeweiden zu verstärken und tiefer einatmen zu können. Atme ein und drehe dabei deinen Kopf und den oberen Anteil deines Rumpfes langsam nach rechts. Versuche, dich so weit herumzudrehen, dass du deinen rechten Fuß sehen kannst. Kehre beim Ausatmen zur Mitte zurück. Atme ein und drehe dich dabei zur linken Seite. Atme aus und komme zur Mitte zurück. Versuche, deinen Rücken entspannt zu halten und erfahre diese angenehme diagonale Dehnung. Achte darauf, dass dein Nabel dicht am Boden bleibt. Wiederhole dies ein paar Mal.

Kehre zur Mitte zurück und erhebe dich unter erneuter Zuhilfenahme des Beckenbodens und des Nabelzentrums in die volle Schlange. Halte deine Ellenbogen dich am Körper, deine Schultern sind geöffnet. Visualisiere, wie glitzernde, silbrig-weiße Energie beim Einatmen in der Wirbelsäule aufsteigt und sich beim Ausatmen im Körper ausdehnt. Wenn sich die tiefen und die oberflächlichen Rückenmuskeln kontrahieren, wird sich die Wirbelsäule noch weiter nach hinten biegen. Die Wirbelsäule wird von Blut und Energie durchströmt. Wenn du spürst, dass sich die Wirbelsäule lockert, strecke langsam den Hals, indem du dein Kinn anhebst. Rolle deine Augen nach oben und richte sie auf den Raum zwischen den Augenbrauen. Lenke jene funkelnde Energie entlang der Wirbelsäule nach oben und in diesen Raum hinein. Die Energie steigt beim Einatmen auf und dehnt sich beim Ausatmen im Dritten Auge aus. Stelle dir die Wirbelsäule als einen offenen Kanal für diesen Energiefluss vor. Spüre, dass dich dieses Atemmuster mühelos unterstützt.

Senke deinen Körper mit immer noch gestreckter Wirbelsäule sachte zum Boden. Bewege dich genauso langsam auf den Boden zu, wie du dich zur Rückwärtsbeuge erhoben hattest. Schließe deine Beine und führe deine Arme beidseits deines Kopfes nach vorne. Lege deine Handflächen zusammen. Deine Stirn berührt den Boden und dein Körper bildet eine gerade Linie. Du befindest dich nun in der Phase der vollkommenen Hingabe. Diese Haltung dient dazu, die beschränkte Sichtweise deines Egos der deiner Seele hinzugeben. Fokussiere dein Streben auf Gott, der sich über dem Kopf befindet, deine Hände sind dabei ausgestreckt und die Handflächen in Gebetshaltung zusammengelegt. Wenn die Probleme des Lebens dich zu erdrücken drohen, dann praktiziere diese Haltung und bete: „Nicht mein Wille, sondern Dein Wille geschehe."

Spanne deinen Beckenboden (*Mulabandha*) und den Bereich des Nabelzentrums an und stelle dir deine Wirbelsäule erneut als einen offenen Kanal für die im Körper erwachenden und aufsteigenden Energien vor.

Atme ein. Benutze die Ujjayi- und die Wirbelsäulenatmung. Öffne deine Arme am Ende der Einatmung weit und hebe gleichzeitig deinen Kopf und deine Brust hoch. Deine Füße bleiben auf dem Boden liegen. Atme aus und führe dabei deine Arme, deine Brust und deinen Kopf in die jeweilige Ausgangsposition zurück. Klatsche in die Hände, wenn du deinen Oberkörper und deine Stirn wieder auf dem Boden ablegst und die Haltung der vollkommenen Hingabe einnimmst. Klatsche deine Hände in der Absicht zusammen, Kundalini Shakti zu erwecken. Wiederhole diese Bewegungsfolge fünfmal. Deine Kerntemperatur steigt mit jedem Atemzug an.

Lege deine Arme wieder seitlich neben deinen Körper. Drehe deinen Kopf zur Seite. Nimm dir Zeit, damit die neue Energiezirkulation integriert werden kann. Achte auf die Qualität des Atems. Der Atem sollte nun sehr fein sein. Drehe deinen Kopf auf die andere Seite und entspanne dich weitere fünfzehn bis dreißig Sekunden lang.

Bringe deine Hände auf Schulterhöhe, drücke deine Zehen in den Boden und richte dich zum Vierfüßlerstand auf. Verlagere dein Gewicht nach hinten und strecke deine Arme aus. Öffne deine Achselhöhlen und dehne deinen unteren Rücken in einer erweiterten Kind-Haltung. Drücke deine Finger und Handflächen in den Boden und hebe dein Gesäß an, sodass dein Körper mit dem Boden ein Dreieck bildet. Stelle dich auf deine Zehen. Verlagere dein Gewicht erneut nach hinten. Drücke die Außenkanten deiner Füße Richtung Boden. Die Rückseite des Körpers wird frei von Energie durchströmt. Atme.

Führe deinen rechten Fuß zu deiner rechten Hand und deinen linken Fuß zu deiner linken Hand. Lege deine Hände in Gebetshaltung (*Vanekom Mudra*) vor dem Herzen zusammen und rolle dich langsam zum Stand hoch. Öffne die Schultern. Stelle deine Fersen so aneinander, dass deine Füße in einem spitzen Winkel zueinander stehen. Deine Beine entspannen sich. Achte auf die Empfindungen im Körper.

Das 11. Asana - *Yoga Mudrasana*, Yoga-Mudra-Haltung

Yoga Mudrasana bildet eine starke Bauchwand aus und verschafft bei vielen abdominellen Beschwerden Linderung, da der Bauchraum dabei kräftig zusammengedrückt wird. Es steigert die Durchblutung der Bauchspeicheldrüse und hilft, deren Funktionsfähigkeit zu verbessern. Der dabei erzeugte intraabdominelle Druck sorgt zusammen mit den zu *Nabi Mudra* geschlossenen, gegen den Bauch gepressten Fäusten für eine innere muskuläre Massage, welche die Bauchorgane regeneriert und die Peristaltik anregt. Die vermehrte Durchblutung der Beckenregion kräftigt die Fortpflanzungsorgane. *Nabi Mudra* massiert die Leber, die Gallenblase, die Milz, den Dünn- und den Dickdarm sowie die Nieren und verbessert dadurch deren Funktion.

Yoga Mudrasana dehnt die Wirbelsäule, wobei es die Rückenmarksnerven insbesondere im Kreuzbein- und Lendenbereich sanft tonisiert und insgesamt zu guter Gesundheit beiträgt. Die tiefen Rückenmuskeln des Musculus Erector Spinae (Rückenstrecker), welche die Lendenwirbelsäule stützen, und der oberflächliche große Rückenmuskel (Musculus latissimus dorsi) in der Rückenmitte werden gekräftigt. Die Kriyas stimulieren die parasympathischen Nervenfasern im unteren Rücken und die sympathischen Nerven in der Rückenmitte. Die Vorwärtsbewegung sorgt für eine Druckentlastung der Rückenmarksnerven, da sie diese stark dehnt, und regt zudem alle vom Körper zum Gehirn ziehenden Nerven an, um so deren Funktion zu verbessern. Die Schultergelenke, das Herz und die Lungen profitieren von der Erweiterung des Brustkorbs.

Das Sitzen in der Lotus-Haltung (*Padmasana*) kräftigt die Beingelenke und lenkt Energie nach oben um. Sie erzeugt ein Gleichgewicht im Körper, wodurch physische und mentale

Stille gefördert werden. Die Praxis von *Yoga Mudrasana* vermehrt und erhält die pranische Energie und steigert die Konzentrationsfähigkeit. Die Haltung beruhigt das Nebennieren-System und leitet einen tiefen Entspannungszustand ein. Sie hilft bei mentalem Stress, geistiger Belastung und allgemeiner Müdigkeit und Erschöpfung.
Yoga Mudrasana soll körperliche Fiebrigkeit und geistige Leidenschaft verringern. *Yoga Mudrasana* ist die „Haltung der psychischen Vereinigung." Es optimiert die positiven und die negativen Energien im Körper, verleiht den physischen und mentalen Energien einen gleichsinnigen Charakter und sorgt für ein allgemeines Gefühl der Ruhe in Körper und Geist. Es hat das Potential, Energie an der Basis der Wirbelsäule zu erwecken. Es stimuliert alle Adharas von *Muladhara* bis zu *Ajna*. Es kann ein Bewusstsein für die seelische Energie schaffen. Dieses Asana ist eine kraftvolle Vorbereitung für die Meditation. Es hat die Kraft, dich mit deinem feinsinnigen Selbst zu verbinden.

****

Überkreuze deine Beine und nimm eine bequeme Sitzhaltung (*Sukasana*) ein, um das Hüftgelenk für den vollen Lotussitz vorzubereiten. Achte darauf, dass du auf den Sitzbeinhöckern (Tubera ischiadica) sitzt und dein Rücken gerade ist. Führe deine Fußsohlen zusammen. Ziehe die Fersen beim Ausatmen so nah an den Körper heran, wie es für dich angenehm ist. Beginne, mit deinen Knien Flatterbewegungen Richtung Boden auszuführen. Spüre die angenehme Lockerung in deinen Hüften.

Ergreife deine Füße, drücke deine Ellenbogen gegen deine Oberschenkel und strecke deinen Rücken, während du dich beim Ausatmen nach vorne sinken lässt. Erzwinge nichts. Achte darauf, dass dein Rücken dabei möglichst gerade bleibt. Stelle dir vor, dass du in deinen unteren Rücken hinein atmest und dabei nach und nach Verspannungen in deinem Rücken und deiner Hüftgelenkspfanne auflöst. Atme. Du kannst deine Füße öffnen, sodass die Fußsohlen nach oben zeigen und dich beim Ausatmen noch etwas weiter nach vorne sinken lassen. Stelle dir vor, dass deine Brust auf deinen Fußsohlen zu liegen kommt. Du verbesserst die Durchblutung des Beckens. Halte deine Wirbelsäule gestreckt. Atme mit der Absicht ein, die körperliche Kraft zu steigern. Atme mit der Absicht aus, muskuläre Verspannungen abzubauen. Atme und entspanne dich mindestens eine Minute lang so sehr du kannst. Setze dich langsam wieder auf.

Winkle dein linkes Knie an und umschließe dein linkes Bein mit beiden Armen, sodass du es darin wiegen kannst. Alternativ kannst du beide Handgelenke unter deinen Knöchel legen. Führe aus der Hüfte heraus sanfte Schaukelbewegungen nach links und nach rechts aus. Lenke dein Bein mindestens 30 Sekunden lang in beide Richtungen so weit aus, wie du kannst. Lege dann den linken Fuß möglichst weit rechts auf dem rechten Oberschenkel ab; dein linker Knöchel sollte von dem Oberschenkel abgestützt werden. Reibe oder massiere mit schnellen Bewegungen jede verspannte Stelle, die du im Knie oder in der Hüfte bemerkst. Halte die Zehen des linken Fußes in der rechten Hand, hebe das linke Knie mit der linken Hand an und drücke es anschließend sanft nach unten. Koordiniere die Bewegung mit deiner Atmung, hebe dein Knie beim Einatmen an und drücke es beim Ausatmen nach unten. Drücke dein Knie nicht ganz auf den Boden, falls du ein Spannungsgefühl in der Kniescheibe verspüren solltest; bringe es dann nur in eine horizontale Position. Entspanne dein linkes Bein und klopfe jede verspannte Stelle ab. Wiederhole diese Übungen mit dem anderen Bein.

Winkle das rechte Knie an, halte das rechte Bein entweder unter dem Knöchel fest oder umgreife es und wiege es von einer Seite zur anderen. Lege den rechten Fuß auf deinen linken Oberschenkel und führe das rechte Knie atemsynchron nach oben und nach unten, bis sich die Hüfte lockert. Arbeite mit diesen Dehnungsübungen, bis sich die Muskulatur warm und deine Hüften gelockert genug anfühlen, um gefahrlos die Lotus-Haltung einnehmen zu können, oder verwende einen halben Lotus, Sukasana (einfache Haltung mit überkreuzten Beinen).

Der Lotus: Sitze mit geradem Rücken auf deinen Sitzbeinhöckern und nimm den vollen Lotus ein.
*Ergreife dein rechtes Schienbein und deinen Knöchel von der Unterseite deines Beines her, sodass du das Schienbein und den Oberschenkel nach außen drehst (ergreife deinen Fuß nicht von oben). Halte deinen Fuß gebeugt und lege deinen rechten Fuß soweit oben und soweit links auf deinem linken Oberschenkel ab, wie es dir beschwerdefrei möglich ist, damit dein rechter Knöchel auf deinem Oberschenkel abgestützt wird. Wenn der Knöchel sich umbiegt, sodass deine Fußsohle zu dir nach oben zeigt, wird der Knöchel geschwächt und ein übermäßiger Zug auf die Bänder und das Knorpelgewebe des Knies ausgeübt. Beuge dein linkes Knie und deinen linken Fuß, ergreife deinen linken Knöchel von unten und lege dein linkes Bein oben auf deinem rechten ab. Entspanne deine Füße. Falls sich diese Haltung für dich nicht angenehm und stabil anfühlen sollte, dann löse dein linkes Bein und führe es unter deinen Körper. Falls du Schmerzen im rechten Bein verspüren solltest, setze dich in Sukasana, einfache Haltung (beide Beine werden unter dem Körper überkreuzt).

Spanne deinen Beckenboden und das Nabelzentrum an. Ergreife die großen Zehen beider Füße, deine Brust und deine Schultern sind geöffnet, deine Schulterblätter zeigen nach unten, deine Ellenbogen liegen dem Körper an. Beginne mit der Wirbelsäulenatmung. Beuge dich langsam nach vorne. Löse mithilfe der *Ujjayi*-Atmung Spannungen auf, während du deine Stirn Richtung Boden führst. Halte in der Vorwärtsbewegung inne, falls du spürst, dass sich die Muskulatur versteift und atme. Du kannst die Kriyas - Mikro-Bewegungen bzw. kleine Pulsationen - anwenden, um dich langsam stärker in die Dehnung hineinzubegeben.

Entspanne dich in diese Vorwärtsbeuge hinein. Deine tiefe *Ujjayi*-Wirbelsäulenatmung wird das Rückgrat noch weiter strecken. Durch die Anspannung des Beckenbodens und des Bauches wird dein unterer Rücken entlastet und allmählich Energie nach oben gelenkt werden. Führe deine Stirn so nah zum Boden, wie es dir beschwerdefrei möglich ist. Versuche, dich noch mehr in die Haltung einzugewöhnen, indem du einfach ein bis zwei Minuten lang mit dem Atem arbeitest. Richte dich langsam wieder auf und halte dabei deine Wirbelsäule gestreckt.

Beginne die zweite Phase mit *Nabi Mudra*. Lege deine Daumen in deine Handflächen und umfasse sie mit deinen Fingern. Führe die Fäuste so zusammen, dass die Fingerknöchel derart ineinander greifen, dass sie wie Zahnräder gegeneinander bewegt werden können. Dadurch werden die Nervenenden und die Akkupressurpunkte zwischen den Fingerwurzeln massiert und die Hände entspannt. Die Hände können horizontal oder vertikal positioniert werden. Dies kann helfen, Nervenenergie zu erhalten, die normalerweise über die Hände freigesetzt wird.

Lege nun deine Fäuste beidseits auf das Nabelzentrum. Drücke sie tief nach innen. Beuge dich langsam nach vorne und achte darauf, dass du deinen unteren Rücken dabei streckst und ihn nicht rund werden lässt. Dein Gesäß bleibt in Bodenkontakt. Verwende Mikro-Bewegungen, kleine Pulsationen, um dich noch weiter nach vorne beugen zu können. Führe deine Stirn erneut zum Boden und setze beim Atmen die *Ujjayi-* und die Wirbelsäulenatmung ein. Atme langsam ein und aus. Atme jedes Unbehagen aus. Sei geduldig und beharrlich. Deine Nerven werden dadurch gestärkt. Wenn du dieses Asana regelmäßig praktizierst, werden die elektromagnetische Kraft des Körpers und seine Leistungsfähigkeit zunehmen. Entspanne dich in der Haltung, solange du möchtest. Setze dich anschließend auf.

Um die dritte Phase zu beginnen, kontrahiere erneut deine Beckenbodenmuskeln (*Mulabandha*) und dein Nabenzentrum. Verschränke deine Arme hinter deinem Rücken und greife auf Taillenhöhe soweit um dich herum, wie du kannst. Halte auf einer oder auf beiden Seiten deine Zehen fest, falls du beweglich genug dafür bist. Lege dein Kinn auf deine Brust. Dadurch entsteht ein vollkommen in sich geschlossener Lotus. (Alternativ kannst du deine Arme hinter deinen Körper führen und deine Finger verschränken, sodass sie fest miteinander verbunden sind und sich deine Schulterblätter einander annähern.)

Beuge dich nach vorne und atme aus, während du dich bewegst. Beginne mit kleinen Mikro-Bewegungen und führe dabei deine Stirn immer näher zum Boden. Das Ziel ist, mit deiner Stirn den Boden zu berühren, um einen Energiefluss im Bereich des Mittelhirns in *Ajna* hinein anzuregen. Atme tief und gleichmäßig.

Wenn du deine Arme hinter deinem Rücken überkreuzt hast, dann führe sie soweit wie möglich nach oben Richtung Kopf. Achte darauf, dass deine Finger verschränkt und deine Schulterblätter nah zusammen bleiben. Eine vollständige Dehnung in den Schultern erzeugt einen muskulären Verschluss in den Armen, der dabei hilft, Energie nach oben zu lenken. Richte deine Augen auf den Raum des „Dritten Auges" zwischen den Augenbrauen und konzentriere dich darauf. Halte deinen Kopf weiterhin ruhig, während du in die Wirbelsäule hinein atmest. Intensiviere die Dehnung deiner Arme, indem du sie beim Atmen noch weiter nach oben führst. Erzwinge nichts. Falls es zu Atemunregelmäßigkeiten kommen sollte, dann entspanne deine Arme etwas.

Richte dich langsam wieder auf, wenn du die Haltung beenden möchtest. Löse deine Hände und lege sie auf deine Knie. Achte auf die Qualität des Atems und die zunehmende Stille in Körper und Geist. Verweile in der Stille.

Öffne die überkreuzten Beine und strecke sie aus. Massiere jedes Spannungsgefühl aus den Knien heraus und klopfe beide Seiten der Beine ab. Rolle sie von einer Seite zur anderen, um Verspannungen in den Hüften zu lockern. Lege dich auf deinen Rücken und drehe deinen Kopf von einer Seite zur anderen, damit sich Energieblockaden auflösen können. Entspanne dich dreißig Sekunden lang in Rückenlage in *Shavasana*. Führe anschließend deine Arme über deinen Kopf und deine Beine zusammen und strecke dich. Beuge und strecke deine Zehen, während du deinen Körper lang ziehst. Atme ein, spanne zur Unterstützung deines unteren Rückens deinen Beckenboden und dein Nabelzentrum an, lege dein Kinn zur Stabilisierung deines Nackens auf deine Brust und richte dich auf, um deine Zehen zu berühren.

Das 12. Asana - *Pathi Chakrasana*, Halbe Rad-Haltung (Gegenhaltung)

Pathi Chakrasana, die Halbe Rad-Haltung, ist eine dynamische und belebende Rückwärtsbeuge, welche die gesamte Wirbelsäule dehnt und stimuliert. *Pathi Chakrasana* richtet die Wirbel aus, kräftigt den Nacken und tonisiert die Hals-, Brust-, Lenden- und Kreuzbeinregion der Wirbelsäule. Es gleicht positive und negative Energien im Körper aus, dehnt und kräftigt das Rückenmark und macht die Wirbelsäule beweglicher. Es bewirkt im Körper ein Gefühl von jugendlicher Energie, Leichtigkeit und Beschwingtheit. Sogar die Sinne – Sehen, Sprechen, Hören, Schmecken und Riechen – sollen durch eine regelmäßige Praxis dieses Asana geschärft werden. Es hat eine gesundheitsfördernde Wirkung auf das Nabelzentrum, das Herz und die Lungen. Alle Drüsen des Körpers werden genährt, wodurch wiederum die Hormonausschüttung gesteigert und das Allgemeinbefinden verbessert wird. Die Haut und das Lymphgefäßsystem profitieren davon. Der Körper kann lernen, sich auf neue und alternative Weise an Belastungen anzupassen, da alte Muster des muskulären Zusammenspiels modifiziert werden. Die Praxis von *Pathi Chakrasana* kann heftige Veränderungen bewirken.

****

Die Brücken-Haltung ist eine wundervolle Vorbereitung für diese intensive Rückwärtsbeuge. Sie kann auch als gleichwertiger Ersatz für die Haltung dienen, falls du Beschwerden in deinem Nacken oder deinen Handgelenken haben solltest. Lege dich auf deinen Rücken. Stelle deine Knie auf, sodass deine Füße Bodenkontakt behalten. Deine Füße sollten ca. 15 bis 20 cm von deinem Gesäß entfernt sein. Deine Knie sind hüftbreit geöffnet. Deine Füße zeigen gerade nach vorne. Achte darauf, dass du deine Füße nicht seitlich abspreizt. Ergreife deine Knöchel (, sodass die Daumen innen liegen und die Finger die Außenknöchel umschließen), oder lege deine Arme längs neben deinen Körper. Spanne deine Beckenbodenmuskeln an und ziehe dein Nabelzentrum nach innen. Drücke deine Füße in den Boden, atme ein und rolle dabei dein Gesäß und dein Kreuzbein vom Boden ab, indem du dein Rückgrat Wirbel für Wirbel anhebst. Drücke dein Schambein nach oben, sodass sich dein Rücken durchbiegt. Beim Einatmen wird Energie von der Basis der Wirbelsäule nach oben gelenkt.

Hebe deine Nabelregion und deinen Brustkorb an. Drücke deine Brust gegen dein Kinn, ohne dabei die Position deiner Füße oder Schultern zu verändern. Lasse dich beim Ausatmen auf genau dieselbe Art, Wirbel für Wirbel, zurück zum Boden sinken, wiederhole dies neun bis sechsundzwanzig Mal. Die Energie breitet sich im Körper aus, während du ausatmest. Wenn du dich das letzte Mal aufgerichtet hast, kannst du auch eine Zeit lang in dieser Position verbleiben. Behalte diese modifizierte Haltung bei, falls sich deine Halswirbelsäule, deine Handgelenke oder deine Schultern schwach anfühlen sollten, oder dein Rücken verspannt sein sollte. Achte darauf, dass dein Nabelzentrum angehoben bleibt. Verändere die Position deiner Hände. Schiebe deine Arme unter deinen Körper und verschränke deine Finger ineinander, sodass sich die Schulterblätter aufeinander zubewegen. Halte deinen Beckenboden und deinen Bauch kontrahiert. Fahre mit der Wirbelsäulenatmung fort. Verbleibe zwei bis fünf Minuten lang so. Wenn du die Haltung beendest, entspanne dich in *Shavasana*.

Falls deine Rückenmuskulatur aufgewärmt und dein Nacken und deine Handgelenke belastbar sind, musst du nicht mit der Brücken-Haltung beginnen. Stelle deine Füße direkt aus der Rückenlage heraus 15 bis 20 cm entfernt von deinem Gesäß auf den Boden. Deine Hände befinden sich beidseits neben deinem Kopf, die Ellenbogen zeigen nach oben und deine Finger in Richtung deiner Füße. Deine Beine und Füße stehen parallel zueinander. Drücke die Muskeln deines Beckenbodens zusammen und ziehe dein Nabelzentrum in Richtung deiner Wirbelsäule. Beginne mit der Wirbelsäulenatmung. Drücke die Hände und die Füße in den Boden und atme ein, während du deinen Rumpf so weit anhebst, dass dein Kopf einige Zentimeter über dem Boden schwebt. Setze den Scheitel deines Kopfes behutsam auf dem Boden auf. Du befindest dich nun in einer Fünfpunkt-Haltung. Das Körpergewicht ist gleichmäßig auf beiden Händen, beiden Füßen und dem Kopf verteilt. Dein Becken ist weit angehoben und deine Brust gegen dein Kinn gedrückt. Atme weiterhin mithilfe der Ujjayi-Atmung in die Wirbelsäule hinein. Halte dein Nabelzentrum erhoben.

Wenn man längere Zeit in dieser Haltung verweilt, werden die Rücken- und Halsmuskeln gekräftigt, außerdem wird die Durchblutung des Gehirns gesteigert, wodurch sie viele Vorteile mit dem Kopfstand gemeinsam hat. Sei dir der Beschaffenheit des Atems und der lebendigen Qualität des inneren Körpers bewusst. Verbleibe solange in dem Asana, wie du es kraftvoll halten kannst und dein Atem unangestrengt und spannungsfrei ist.

Um die Haltung zu beenden, drücke deine Hände und Füße erneut in den Boden und hebe deinen Kopf einige Zentimeter an, lege dein Kinn auf deine Brust und führe deinen Hinterkopf zum Boden. Vergewissere dich, dass dein Kopf, dein Nacken und deine Wirbelsäule sich in einer Linie befinden, wenn du den Kopf ablegst. Entspanne dich in Rückenlage in *Shavasana*. Drehe deinen Kopf von einer Seite zu anderen, um eventuelle Energieblockaden aufzulösen. Achte auf die Qualität deines Atems und den gesteigerten Energiefluss im gesamten Körper. Der Körper erfährt durch diese Haltung Auftrieb, so als ob ihn die Schwerkraft weniger stark beeinflussen würde. Du solltest ein tiefes Gefühl der Entspannung empfinden.

Schließe deine Beine und nimm deine Arme über deinen Kopf, um deine Wirbelsäule zu dehnen. Strecke und beuge deine Zehen und ziehe deinen Körper lang. Atme aus, richte dich währenddessen auf, um deine Zehen zu berühren – dein Kinn liegt dabei auf deiner Brust und deine Bauch- und Beckenbodenmuskeln sind angespannt – und setze dich anschließend aufrecht hin. Überkreuze deine Beine (das rechte über dem linken) und stehe auf, ohne deine Hände zu Hilfe zu nehmen; dadurch wird der Quadrizepsmuskel gekräftigt, die Leber stimuliert und die Energie im Nabelzentrum ausgeglichen. Benutze deine Hände, falls dabei ein Spannungsgefühl im Knie auftreten sollte. Führe deine Hände in *Vanekom Mudra* zum Herzen.

Das 13. Asana - *Amarntha Kokkuasana,* **oder** *Paschimottanasana,* **Der Sitzende Kranich**

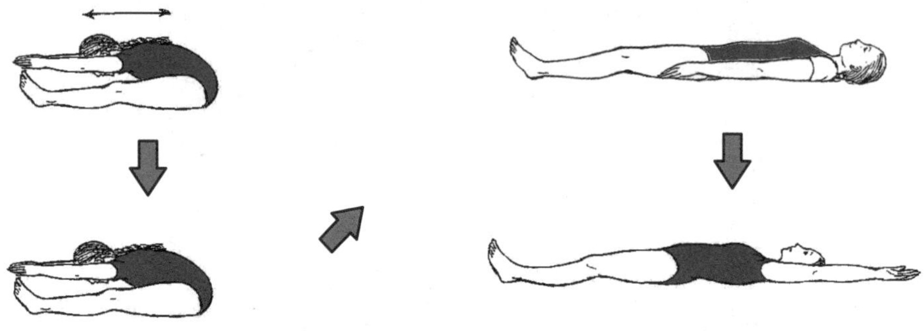

Amarntha Kokkuasana, der Sitzende Kranich, stimuliert die Rückenmarksnerven und dehnt die gesamte hintere Muskulatur des Körpers. Diese rückseitige Dehnung der Wirbelsäule sorgt dafür, dass die Nervenfasern und Zellbündel des sympathischen und parasympathischen Nervensystems, welche die Bandscheiben durchziehen, entspannt und energetisiert werden. Die Elastizität der Wirbelsäule wird verbessert. Die Wirbelsäule und das Rückenmark werden parallel zum Boden gedehnt, wodurch die Auswirkungen der nach unten ziehenden Schwerkraft abgeschwächt werden. Da das Herz unterhalb der Wirbelsäule und des Rückenmarks zu liegen kommt, wird die Durchblutung des Herzens verbessert und es somit entspannt und erfrischt. Die Durchblutung des gesamten Körpers wird gesteigert. Diese Haltung wird klinisch unterstützend eingesetzt, um Plaques in den Herzkranzgefäßen abzubauen und den Cholesterinspiegel zu senken. Sie kann durch einen Hohlrücken bzw. eine übermäßige Lendenlordose hervorgerufene Verspannungen im unteren Rücken lindern, wenn man sie passiv ausführt und dabei auf eine adäquate Ausrichtung achtet.

Durch das Ziehen an den großen Zehen werden eine komplette Entspannung und eine vollständige Dehnung der rückseitigen Beinmuskulatur erreicht. Die hintere Oberschenkelmuskulatur wird ganz gestreckt und der Ischiasnerv erfährt eine angenehme Dehnung. Diese Dehnung kann das Gesäß und die Oberschenkel schlanker werden lassen. Alle Drüsen und die gesamte Arm- und Beinmuskulatur werden durch die gesteigerte Durchblutung gekräftigt. Der Sitzende Kranich tonisiert und massiert die gesamte Bauch- und Beckenregion, einschließlich der Leber, der Bauchspeicheldrüse, der Milz, der Nieren, der Nebennieren und der Fortpflanzungsorgane. Seine regelmäßige Praxis gilt als ein Allheilmittel für eine Fülle von funktionellen Störungen, welche die Verdauung, Ausscheidung und Fortpflanzung betreffen.

Diese Vorwärtsbeuge dehnt die gesamte Körperrückseite und fördert die Verbundenheit zwischen der oberen und der unteren Körperhälfte, indem sie den Energiefluss zwischen ihnen ausgleicht. Sie ist von erheblicher spiritueller Bedeutung. Sie lässt reichlich dynamische Energie ins Fließen kommen. Um die Haltung zu meistern, muss man dazu in der Lage sein, für längere Zeit mühelos in dem Asana zu verbleiben. Horche auf den *Pranava* (den Klang von Prana), Aum. Er erweckt Kundalini Shakti.

****

Setze dich auf den Boden und strecke deine Beine vor dir aus. Falls dein Rücken sehr steif sein sollte, kannst du versuchen, dich auf einen Keil oder ein kleines Kissen zu setzen, um deine Hüften etwas anzuheben. Bringe deine Sitzbeinhöcker in Bodenkontakt, sodass du auf ihnen zu sitzen kommst. Deine Beine sollten gerade sein und deine Füße in gebeugter Haltung einander berühren. Spanne deine Oberschenkel an, indem du sowohl den Quadrizeps als auch die hintere Oberschenkelmuskulatur kontrahierst. Spanne deine Bauchmuskeln an. *Drücke die Beckenbodenmuskeln nicht zusammen; verwende bei dieser Haltung kein *Mulabandha*. Wir wollen erreichen, dass Energie nach unten in die Beine hinein fließt.

Strecke deine Arme über deinen Kopf und ziehe deine Schulterblätter nach unten. Atme ein, wenn du dich nach oben streckst, und aus, während du dich aus dem Hüftgelenk heraus nach vorne beugst. Bringe deinen unteren Rücken vor das Becken. Die Wirbelsäule wird sich leicht wölben, aber nicht rund werden. Der Fokus liegt darauf, die Lendenwirbelsäule in die Länge zu ziehen, damit sie sich nicht krümmt. Deine Augen sollten geöffnet und dein Kinn angehoben bleiben. Dies wird dir dabei helfen, den Rücken gerade zu halten. Fahre mit der Wirbelsäulenatmung in Kombination mit *Ujjayi Pranayama* fort, um deinen unteren Rücken innerlich zu stützen und ihn behutsam zu dehnen. Erzwinge die Dehnung nicht.

Sobald deine Arme parallel zum Boden sind und deine Hände an deine Füße heranreichen oder sich über ihnen befinden, beginne mit der „Kriya Phase", einem sanften, atemsynchronen Pulsieren. Bewege dich dabei nach vorne (nicht auf und ab). Diese Phase erzeugt innerliche Mikro-Bewegungen, die Veränderungen in der Tiefe der Rückenmuskulatur bewirken. Erzwinge diese Dehnung nicht. Die wiederholten Bewegungen bei den Kriyas helfen dabei, Fettgewebe am Bauch zu reduzieren und massieren die inneren Organe, wodurch deren Durchblutung gesteigert wird. Die Kriyas können sogar Veränderungen auf emotionalen Ebenen einleiten. Falls du beispielsweise deine Konzentration auf *Manipura* richtest und die Bewegungen mit der Atmung koordinierst, dann kannst du dir vorstellen, den Bauchraum beim Ausatmen von Anspannung und Negativität zu befreien.

Mit der nächsten Stufe endet die Bewegungsphase, sodass du dich in die Haltung hinein entspannen kannst. Ergreife, wenn möglich, deine großen Zehen oder die Rückseite der gebeugten Füße und senke deinen Brustkorb soweit, dass deine Stirn deine Knie berührt. Das Ziehen an den großen Zehen bzw. an den gebeugten Füßen sorgt für eine vollständige Entspannung und komplette Dehnung der hinteren Beinmuskulatur. Schließe deine Augen und richte deine Konzentration auf das Energiezentrum am Kreuzbein, um *Swadhisthana* zu erwecken. Atme. *Prana* bewegt sich der Bewusstheit folgend mit dem Atemfluss. Falls das Epizentrum deines Geistes auf einen Punkt fokussiert ist, wird *Prana* an diesem Punkt stimuliert werden. Mache dies nur, wenn du dich ruhig und wohl fühlst und innere Stille empfindest.

Falls du deine Füße nicht problemlos greifen kannst, fasse deine Beine und versuche, deinen unteren Rücken noch weiter zu strecken. Achte darauf, dass dein Rücken gerade bleibt. Halte die Konzentration auf deine Oberschenkel gerichtet und deine Füße gebeugt, um die Dehnung der hinteren Beinmuskulatur beizubehalten. Atme mit tiefen *Ujjayi*-Atemzügen in das Nabelzentrum hinein und aus ihm heraus. Dein Bauch dehnt sich beim Einatmen aus und zieht sich beim Ausatmen zusammen. Schließe deine Augen und richte deine Konzentration auf dein Kreuzbein. Bleibe entspannt, es gibt keinen Grund, diese Dehnung zu erzwingen.

Finde eine Position, in der du bequem mindestens zwei Minuten lang verweilen kannst. Lasse zu, dass sich die Lockerungen von innen heraus ergeben. Wenn die Rückseite deines Körpers fest und straff gespannt ist, wird die Wirbelsäule vollständig gedehnt; du erzeugst Raum und steigerst den *Prana*fluss. Der *Prana* beginnt, freier zu fließen, wobei er die Rückenmarksnerven nährt und tonisiert, und löst einen Dehnungsreflex aus, wodurch sich sowohl die Muskulatur als auch der Geist entspannen können. Lasse die Dehnung weniger aktiv, sondern mehr passiv und vollkommen angenehm werden.

Praktiziere mit Bewusstheit. Achte auf die Qualität deines Atems. Ist dein Atem ruhig und ebenmäßig? Falls dein Atem unregelmäßig ist, oder du ihn als eingeengt empfindest, dann nimm dich etwas aus der Dehnung zurück. Wähle eine Position, in der sich die Dehnung angenehm anfühlt. Die Idee dabei ist, sich in den „Sitzenden Kranich" einzugewöhnen. Es handelt sich um eine nach innen gerichtete Haltung. Bleibe gegenüber den Empfindungen im Körper präsent. Falls du Spannungen verspürst, ist der *Prana* blockiert, nähre dann diese Region bewusst mithilfe des Atems. Stelle dir beim Einatmen vor, wie du silberne Energie direkt in die angespannte Stelle hinein lenkst. Erlaube, dass sich jene silberne Energie beim Ausatmen in dieser Region ausdehnt und lasse jeglichen Widerstand bzw. alles an Unruhe los.

Der Sitzende Kranich ist ein gutes Gegenmittel für mentale wie physische Erschöpfung und Lethargie - eine Haltung des Loslassens und der Befreiung. Überwinde Hindernisse, die dich ermüden. Sowie du deine körperlichen Widerstände bei dieser Haltung bezwingst und feststellst, dass du für längere Zeit bequem in ihr verbleiben kannst, wirst du erkennen, dass du auch Widerstände in deinem Leben meistern kannst. Bleibe etwas länger in der Haltung, als du eigentlich „willst", so kannst du das Bedürfnis ablegen, alles in deinem Leben kontrollieren zu wollen.

Öffne deine Augen, hebe dein Kinn und intensiviere die Dehnung, während du die Haltung löst. Deine Bauchmuskeln sollten immer noch angespannt, deine Oberschenkel kontrahiert und deine Füße gebeugt sein. Strecke dich in den Raum vor dir hinein aus, während du deine Arme über deinen Kopf hebst. Mache ein paar tiefe Atemzüge. Spürst du, wie Energieimpulse deine Beine entlang nach unten und durch deine Arme nach oben fließen?

Lasse dein Kinn auf deine Brust sinken und verschränke deine Arme vor deinem Brustkorb, um den Druck im Kreuzbeinbereich zu minimieren, während du deinen Rücken langsam auf dem Boden abrollst. Entspanne dich in Rückenlage in *Shavasana*. Es kann sein, dass du einen gesteigerten Energiefluss im Bauchbereich, in den Hüfen, den Leisten und Oberschenkeln oder ein tiefer werdendes Gefühl der Entspannung bemerkst. Bleibe auf innerliche Empfindungen fokussiert. Drehe deinen Kopf von einer Seite zur anderen und entspanne dich ausgiebig.

Um die Wirbelsäule zu dehnen, schließe deine Beine und führe deine Arme über deinen Kopf. Strecke und beuge deine Füße und ziehe deinen Körper in die Länge. Lege dein Kinn auf deine Brust, spanne deine Bauchmuskeln und deinen Beckenboden an, atme aus und richte dich dabei auf, um deine Zehen zu berühren. Setze dich anschließend auf.

Das 14. Asana - *Vittelasana*, oder *Shalabhasana*, Die Heuschrecke (Gegenhaltung)

Vittelasana oder die volle Heuschrecken-Haltung bewirkt eine Dehnung im Bauch und den Oberschenkeln, spült die Nieren und löst Spannungen im Beckenbereich auf. Außerdem ist sie eine ideale Haltung, um den mittleren und oberen Rücken sowie die Hüftregion zu öffnen. Dieses Asana lockert durch längeres Sitzen verursachte Verspannungen im Kreuzbeinbereich, die zu einer Belastung der Bandscheiben führen können. Die Dehnung bei dieser Haltung fördert eine gesunde Ausrichtung der Wirbelsäule und steigert die Durchblutung der Bandscheiben, was sich positiv auf deren Erhaltung und Regeneration auswirkt. Die Lenden- und Kreuzbeinnerven sowie die unteren Wirbel werden tonisiert. Das Kreuz gewinnt an Kraft. Wenn man das Kinn bei der Haltung auf dem Boden liegen lässt, werden die Halsvorderseite und die Kehle gestreckt, wodurch die Durchblutung der Schilddrüse angeregt und die Regulierung des Stoffwechsels unterstützt wird. Der Druck auf das Herz steigert die Blutversorgung aller Körperteile, somit werden alle Zellen genährt. Beim Einatmen sinkt das Zwerchfell gegen die Eingeweide nach unten, sodass ein großer intraabdomineller Druck aufgebaut wird. Davon profitiert die Verdauung und es kommt zu einer Kräftigung von Leber, Gallenblase, Magen, Milz, Nieren, Dünndarm, Dickdarm, Harnblase und Prostata. Die Haltung stärkt die Fortpflanzungsorgane und hat sowohl auf die Samen- wie auch auf die Eizellen eine positive Wirkung. Menstruationsbeschwerden können oft gelindert werden. Die sehr empfindlichen, kleinen Blutgefäße werden stärker mit besser oxygeniertem (sauerstoffreichem) Blut versorgt. Der Nabel wird gestärkt. Die elektromagnetische Kraft des Körpers wird intensiviert und die Lebensenergie gesteigert. Der große Gesäßmuskel wird gefestigt und tonisiert.

Die erste Stufe der Haltung arbeitet hauptsächlich mit der Energie in den *Muladhara* und *Swadhisthana* Adharas, wodurch Themen aufkommen können, die unsere zentralen Bedürfnisse nach Sicherheit, Überleben und Sexualität betreffen. Die volle Heuschrecke wirkt auf die *Manipura* (Solar Plexus) Energie, was dabei helfen kann, die eigene Kraftausdauer zu steigern. Diese Haltung wird zusammen mit dem Sitzenden Kranich auf ein „Loslassen" in Bereichen hinarbeiten, in denen du im Leben womöglich etwas unterdrückst. Die volle Heuschrecke kann dazu beitragen, Selbstvertrauen und Stärke zum Ausdruck zu bringen. Das Energiezentrum am Hals, *Vishuddi*, wird während der Haltung stark angeregt, wenn das Kinn dabei auf dem Boden langgestreckt wird.

****

Lege dich auf deine rechte Körperseite. Dein Körper bildet eine gerade Linie. Schiebe deinen rechten Arm hinter dich, sodass deine rechte Schulter beiseite gerollt wird und du auf der rechten Seite deiner Brust und nicht auf deiner rechten Schulter liegst. Platziere deinen linken Arm auf der linken Hüfte oder vor deinem Körper. Du kannst das untere (rechte) Bein anwinkeln, um eine breitere Auflagefläche zu schaffen und dich besser abstützen zu können. Dein Kopf sollte sich geradlinig über den Schultern befinden und auf dem Boden liegen. Spanne deine Beckenbodenmuskeln an und ziehe deinen Nabel in Richtung Wirbelsäule.

Beuge beide Füße. Hebe und senke dein linkes Bein atemsynchron. Atme ein, wenn du das Bein hebst und aus, wenn du es absenkst. Lasse deine linke Ferse in Führung kommen. Lehne dich nicht nach vorne. Mit gebeugten Füßen wirst du dein Bein nicht so weit anheben können, wie es dir mit gestreckten Füßen möglich wäre. Du wirst die Dehnung entlang der Mittellinie deines linken Beines spüren, während du es hochhebst. Halte dein Bein möglichst gerade. Bewege dein Bein gegen eventuelle Widerstände nach oben und nach unten.

Falls deine Wirbelsäule eine übermäßige Krümmung aufweisen sollte, kannst du den linken Arm anwinkeln und deine Hand hinter deinen Rücken schieben, um deine Bewusstheit darauf gerichtet zu halten und eine Abflachung der Wirbelsäule zu fördern. Wenn sich dein Nacken gestaucht anfühlen sollte, lege deinen rechten Arm unter deinen Kopf.

Hebe und senke dein Bein noch neun weitere Male atemsynchron. Spüre den Widerstand beim Anheben und Absenken deines Beines. Hebe dein Bein beim Einatmen und bewege es beim Ausatmen Richtung Boden. Diese Stufe kommt der Prostata bei Männern und den Fortpflanzungsdrüsen beider Geschlechter zugute. Die Organe des Unterbauches werden aufgrund einer Mehrversorgung mit sauerstoffreichem Blut gekräftigt und die Hüftgelenke gestärkt. Die Nerven und Muskeln des Beines werden tonisiert.

Halte nun in der Bewegung inne und rolle dich mit immer noch angehobenem Bein auf deinen Bauch. Dein Kinn liegt auf dem Boden. Deine Arme befinden sich längs neben deinem Körper. Erhalte die Dehnung entlang deines linken Beines aufrecht. Das Bein ist gestreckt und angehoben. Verbleibe so und mache mehrere ausgiebige und angenehme Atemzüge entlang der Wirbelsäule. Deine Beckenbodenmuskulatur sowie deine am Nabelzentrum angespannten Bauchmuskeln und deine Wirbelsäulenatmung unterstützen dich dabei spürbar. Lasse dein linkes Bein zum Boden sinken.

Schiebe deinen linken Arm vom Körper weg und drehe dich auf deine linke Seite. Beuge beide Füße. Passe die Haltung in für dich geeigneter Weise an und beginne dann, das rechte Bein zu heben und zu senken. Achte darauf, dass du nicht nach vorne kippst. Dein unteres Bein kann angewinkelt werden, um eine breitere Auflagefläche zu schaffen, sodass du dich besser abstützen kannst. Du kannst deinen rechten Arm an deinen unteren Rücken legen, oder deinen linken Arm unter deinen Kopf bringen, um ihn besser zu stabilisieren. Die Bewegung deines Beines ist auf deine Atmung abgestimmt und du spürst einen Widerstand in beiden Bewegungsrichtungen. Achte darauf, dass der Beckenboden angehoben und die Nabelregion angespannt bleibt. Hebe und senke dein Bein neun Mal.

Halte mit angehobenem Bein in der Bewegung inne und rolle dich auf deinen Bauch. Dein Kinn liegt auf dem Boden und deine Arme befinden sich längs neben deinem Körper. Dein rechtes Bein ist ausgestreckt und angehoben. Der vermehrte Zug entlang der Wirbelsäule wird Energie freisetzen. Überanstrenge dich nicht, atme.

Bei der dritten Stufe bleiben deine Arme längs neben deinem Körper und dein Kinn auf dem Boden liegen. Strecke dein Kinn nach vorne, während du beide Beine hochhebst. Spanne deine Beckenbodenmuskeln an und ziehe dein Nabelzentrum in Richtung Wirbelsäule. Atme ein und hebe beide Beine gleichzeitig an. Hebe deine Oberschenkel so hoch du kannst. Das Becken wird gegen den Boden gedrückt. Zähle bis zehn und halte deine Beine solange angehoben, atme dabei ruhig und ebenmäßig. Senke deine Beine zum Boden und atme zur Entspannung tief durch. Atme ein, hebe deine Beine nochmals an, zähle bis zehn und achte darauf, dabei ruhig und gleichmäßig zu atmen. Der Atem und die Kontraktionen im Beckenboden und Bauch schenken dir zusätzliche Kraft und reduzieren die für diese Hebung erforderliche Menge an Energie. Lasse deine Beine zum Boden sinken und atme durch, um dich zu entspannen. Hebe deine Beine zum dritten und letzten Mal an. Halte sie solange oben, wie es dir beschwerdefrei möglich ist.

Senke deine Beine und entspanne dich vollkommen. Drehe deinen Kopf so, dass deine rechte Wange auf dem Boden liegt. Falls dein Atem beschleunigt sein sollte, versuche, ihn zu beruhigen. Achte darauf, dass dein Geist nicht umherschweift. Bleibe auf die Empfindungen im Köper fokussiert. Lasse jedes Unbehagen beim Ausatmen los. Entspanne dich fünfzehn bis dreißig Sekunden lang. Drehe deinen Kopf auf die andere Seite und entspanne dich weitere fünfzehn bis dreißig Sekunden.

Bringe nun deine Hände auf Schulterhöhe und erhebe dich in den Vierfüßlerstand. Verlagere dein Gewicht nach hinten, indem du mit gestreckten Armen dein Gesäß in Richtung deiner Fersen bewegst. Strecke dich von den Schultern ab entlang deiner Arme. Öffne deine Achselhöhlen. Dein Kopf bildet mit deiner Wirbelsäule eine gerade Linie. Stemme deine Zehen in den Boden. Atme. Drücke deine Hände nach unten, hebe dein Steißbein an, stelle dich auf deine Zehen und verlagere dein Gewicht nach hinten. Dein Kinn kommt auf deiner Brust zu liegen. Halte die Dehnung mehrere Atemzüge lang und drücke dabei die Außenkanten deiner Fersen Richtung Boden. Stelle dich zum Schluss wieder auf deine Zehen, mache mit deinem rechten Fuß einen Schritt nach vorne und stelle ihn neben deine rechte Hand. Mache auch mit deinem linken Fuß einen Schritt nach vorne und bringe ihn neben deine linke Hand. Führe deine Handflächen vor deinem Herzzentrum in *Vanekom Mudra* zusammen und rolle dich Wirbel für Wirbel in den Stand nach oben. Deine Füße sollten in einem spitzen Winkel zueinander stehen, sodass sie sich nur an den Fersen berühren. Spüre die Entspannung entlang deiner Beine. Drücke die Ballen und Fersen beider Füße in den Boden. Deine Schultern sind geöffnet, deine Schulterblätter zeigen nach hinten und unten und deine Hände befinden sich in *Vanekom Mudra* vor dem Herzzentrum.

Achtung: Menschen, die an einer Herzkrankheit bzw. Herzschwäche leiden, sollten die dritte Stufe der Haltung auslassen, oder eine der unten beschriebenen Varianten wählen und diese sehr langsam praktizieren. Bei der vollen Heuschrecke wird erheblicher Druck auf das Herz ausgeübt. Wenn die Beine angehoben sind, während der Kopf und die Arme auf dem Boden liegen, kommt es zu einer Zunahme des Drucks im Brustkorb, wodurch die Herzfrequenz gesteigert und die Spannung in der Halswirbelsäule erhöht wird.

Abwandlungen der Heuschrecke:

1) Strecke deine Arme nach vorne und führe die Handflächen entweder zusammen oder halte die Arme mit ausgestreckten Fingern offen. Hebe deinen Kopf und deine beiden Arme zeitgleich mit deinen Beinen an.

2) Beginne mit längs neben deinem Körper liegenden Armen. Führe dann beim Einatmen deine Arme in einer schwungvollen Bewegung nach vorne, während du deine Beine und deinen Kopf anhebst. Beim Ausatmen bringst du deine Arme wieder zurück zum Körper und senkst gleichzeitig deinen Kopf und deine Beine zum Boden.

Das 15. Asana - *Vajroli Mudrasana*, Die rückwärtige Haltung der Festigkeit und des Lichts

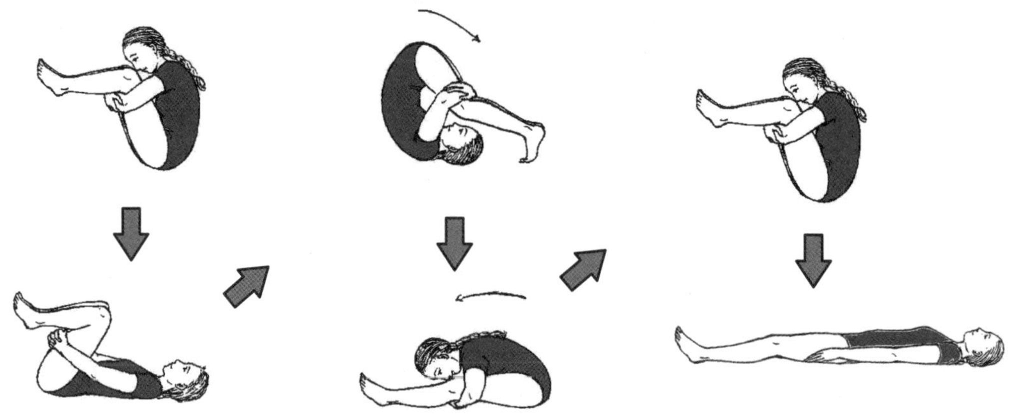

Bei *Vajrolimudrasana* wird eine Gleichgewichts-Haltung, die für eine Energiezunahme sorgt, mit einer dynamischen Pflug-Haltung kombiniert, welche das Kreislaufsystem anregt, die Nervenbahnen ausgleicht und jene Energie im gesamten Körper verteilt. Die Verdauungskraft und die Resorptionsfähigkeit werden gesteigert, da die unterschiedlichen Körperpositionen verdauungsförderlich auf die Darmperistaltik wirken, bei Obstipationsproblemen hilfreich sind und den Fettabbau durch Anregung von Leber und Gallenblase erleichtern. Die Beckenregion wird gedehnt und die Durchblutung des Darms und der Fortpflanzungsorgane wird gesteigert. Die Blutversorgung von Prostata, Nebennieren und Nieren wird verbessert. Schwellungen in den Füßen können gelindert werden.

Das Balancieren auf dem Kreuzbein erweckt die dynamische Energie am Wurzel-*Adhara*, *Muladhara*, und kann eine anhaltende Energiebewegung hinein in *Swadhisthana* am Kreuzbein anregen. Die Haltung kann die Lebenskraft steigern und dafür sorgen, dass sich der Körper energiegeladen und nahezu leuchtend anfühlt.

****

Setze dich hin und ziehe deine angewinkelten Beine zur Brust. Verschränke deine Finger hinter den Knien, lasse dich auf das Kreuzbein zurückrollen und hebe dabei deine Füße. Es sollte dir leicht fallen, auf diesem flachen, dreieckigen Anteil des unteren Rückens zu balancieren. Richte deine Wirbelsäule auf und lasse dein Kinn auf deine Brust sinken. Benutze deine Beckenbodenmuskeln (*Mulabandha*) und spanne das Nabelzentrum an. Mache von *Muladhara* ausgehende, lange, tiefe *Ujjayi*-Atemzüge. Du kannst deine Beine gerade nach oben ausstrecken oder sie gebeugt lassen. Bleibe auf die Wirbelsäulenatmung und das *Ujjayi Pranayama* fokussiert.

Kannst du spüren, wie Energie im Inneren der Wirbelsäule aufsteigt? Diese Haltung kann die zentrale Nadi im Rückenmark, *Sushumna*, erwecken. Sorge mit Hilfe des Atems dafür, dass die Haltung dynamisch bleibt. Du kannst dich mühelos in dieser Balance halten, wenn du den Beckenboden und die Bauchmuskulatur anspannst und den *Prana* mit der Wirbelsäulenatmung aktiv nutzt. Ziehe Energie beim Einatmen entlang der Wirbelsäule nach oben und spüre, wie sie sich beim Ausatmen ausdehnt.

Die zweite Stufe des Asanas besteht aus einer dynamischen Pflug-Haltung, die sich aus dem Pflug und einer Vorwärtsbeuge zusammensetzt. Achte darauf, dass die Beckenbodenmuskeln und das Nabelzentrum angespannt, das Kinn auf der Brust und deine Hände hinter deinen Knien bleiben. Atme ein, lasse dich zurück rollen, führe deine gerade gestreckten Beine über deinen Kopf und berühre eventuell den Boden hinter dir mit den Zehen. Atme anschließend aus, rolle zurück in eine sitzende Position und dann in eine Vorwärtsbeuge nach vorne. Ziehe die Wirbelsäule lang, beuge dich ganz nach vorne und strecke deine Beine vollkommen aus. Lasse dich dann beim Einatmen wieder nach hinten rollen. Bringe deine Knie bei dieser Bewegung nah an deine Stirn heran, um eine Druckbelastung des Nackens zu vermeiden. Lasse dich nur auf deine Schultern zurückrollen. Achte darauf, den Nacken nicht zu belasten. Atme aus und lasse dich nach vorne rollen. Wiederhole diese Vorwärts- und Rückwärtsbewegung noch neun Mal.

Diese dynamische Haltung fließt mit dem Atem. Die Wirbel öffnen sich und Energie strömt durch die Kapillaren und in den ganzen Körper hinein. Beginne langsam. Halte deinen Körper stets gerade und strecke dich sowohl nach vorne wie auch nach hinten vollkommen aus. Fokussiere dich auf *Manipura* (am Nabel-Solar Plexus), während du von einer Position in die andere übergehst. Nimm die Stärkung wahr, die diese Haltung bewirkt.

Bei der dritten Stufe kommst du zur Mitte zurück und balancierst wieder auf deinem Kreuzbein, wobei deine Hände immer noch hinter den Knien verschränkt sind. Lege dein Kinn auf deine Brust, ziehe erneut dein Nabelzentrum in Richtung Wirbelsäule und drücke deine Beckenbodenmuskeln zusammen. Halte die Knie gebeugt, oder strecke die Beine gerade nach oben. Fahre mit der Wirbelsäulenatmung fort. Stelle dir in dieser Balance auf dem Kreuzbein vor, dass du in *Sushumna Nadi* zentriert bist, während Energie in der Wirbelsäule aufsteigt und der Körper von Licht umgeben wird.

Senke deine Füße zum Boden. Lege deine Hände auf deine Knie und lasse dich in *Shavasana* nach hinten rollen – deine Bauchmuskeln bleiben dabei angespannt und dein Kinn gegen deine Brust gedrückt. Entspanne deine Schultern, wobei deine Arme mit etwas Abstand neben deinem Körper liegen, die Handflächen nach oben zeigen, die Beine weit geöffnet und die Füße nach außen gedreht sind. Bewege deinen Kopf von einer Seite zur anderen. Entspanne dich. Lasse den Geist nicht umherschweifen. Halte deine Bewusstheit auf Empfindungen wie Weite, Licht, Kühle, Wärme oder Schwingung im Körper gerichtet. Entspanne dich dreißig Sekunden lang.

Um die Wirbelsäule zu dehnen, schließe deine Beine und nimm deine Arme über deinen Kopf. Strecke und beuge deine Füße und ziehe deinen Körper in die Länge. Lege dein Kinn auf die Brust, spanne die Bauchmuskeln und den Beckenboden an, atme aus und richte dich auf, um deine Zehen zu berühren. Setze dich auf.

Das 16. Asana - *Supta Vajrasana*, Die kniende Haltung der Festigkeit (Gegenhaltung)

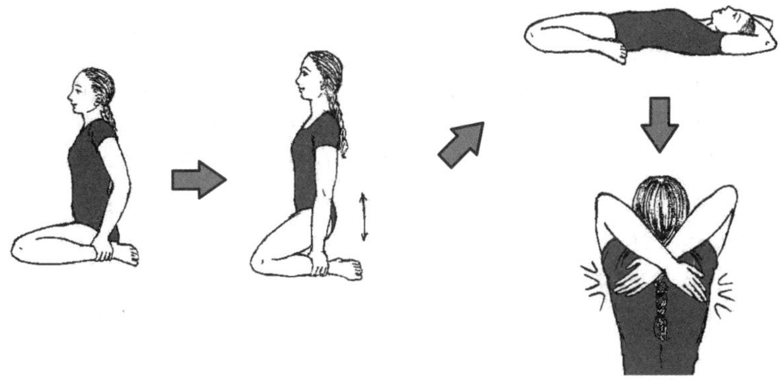

Suptavajrasana, die kniende Haltung der Festigkeit, dehnt und massiert die Bauchorgane und hilft, Verdauungsstörungen und Obstipation zu lindern. Sie trainiert die Kreuzbein-, Lenden-, Brust- und Halsregion der Wirbelsäule, indem sie die Rückenmarksnerven tonisiert und die Beweglichkeit des Rückens steigert. Die Rückwärtsneigung von Oberkörper und Kopf hat eine positive Auswirkung auf Rückenmark, verlängertes Rückenmark (Medulla oblongata) sowie Klein- und Großhirn. Der Brustkorb wird gedehnt und zu seinem vollen Fassungsvermögen erweitert, wodurch das System mit mehr Sauerstoff versorgt wird, daher ist die Haltung für Menschen mit Asthma und Bronchitis besonders nützlich. Es kommt zu einer guten Durchblutung der Kreuzbein- und Beckenregion. Das Nabelzentrum wird gekräftigt und die Bauchspeicheldrüse sowie die Nebennieren werden tonisiert. Die Haltung kann die Insulinausschüttung auf gesundheitsförderliche Weise steigern. Dieses Asana lockert Beine, Knie, Knöchel, Hüft- und Schultergelenke und kräftigt den vierköpfigen Oberschenkelmuskel, was dabei hilft, die Knie zu stärken und den Körper somit auf das Sitzen in der Meditation vorbereitet. Sie kann Ängstlichkeit und geistige Spannungen auflösen, die in den Hüften und im Becken gespeichert sind. Fettansammlungen an Oberschenkeln und Waden werden reduziert. Die Knochen, Muskeln, Nerven und Blutgefäße der Füße, die Schienbeine, Knie und Oberschenkel, der Bauch, die Brust sowie der Hals, Nacken und Kopf profitieren von dem Asana. Wenn man sich bei der Haltung vollständig zurücklehnt, wird der von der Schwerkraft auf die Körperzellen ausgeübte Zug nach unten abgeschwächt, sodass der Körper mehr Energie erhält.

Vajra bezieht sich auf die Nerven- und Energieleitbahnen, welche die Geschlechtsorgane mit dem Gehirn verbinden. *Vajra Nadi* transportiert die sexuellen Sekrete innerhalb des feinstofflichen Körpers. *Suptavajrasana* steigert die Sekretion der Geschlechtsdrüsen. Diese Sekrete sind sehr kraftvoll. Sie sind die Essenz unserer dynamischen Energie. Wenn man für längere Zeit in *Suptavajrasana* verbleibt, wird die Hitze in *Vajra Nadi* reduziert und die sexuelle Energie umgeleitet. Die Sublimierung und Transformation der sexuellen Energie in eine feine, *Ojas* genannte, Substanz steigert die Kreativität. Diese höhere, vibrierende Energie wird deine Meditation vertiefen. Die geistige Klarheit nimmt zu, sodass du dich leichter an Veränderungen anpassen kannst. Die Haltung kann die Selbstbeherrschung verbessern, da sie den Geist beruhigt und das sexuelle Verlangen dämpft.

Suptavajrasana erzeugt Druck im Kniegelenk, aber trägt gleichzeitig auch zur Kräftigung der Quadrizepssehne bei. Die zwei Hauptmuskelgruppen des Oberschenkels, die rückseitige Oberschenkelmuskulatur und der Quadrizeps, passieren das Knie und helfen, das Gelenk intakt zu halten. Die Kniescheibe (Patella) wird von der Quadrizepssehne umschlossen. Durch Kräftigung der Muskeln des Quadrizeps kann man dazu beitragen, eine Verschiebung der Kniescheibe zu verhindern.

****

Knie dich auf deine Matte. Führe deine Knie und Füße zusammen. Setze dich auf deine Fersen in *Vajrasana*. (Du kannst die Haltung von dieser Position aus weiter praktizieren und dabei deine rechte über deine linke große Zehe legen.) Falls deine Knie jedoch schmerzfrei sein sollten, dann öffne deine Füße und setze dich behutsam zwischen deine Fersen. Lege deine Hände auf deine Oberschenkel oder deine Knöchel. Die erste Stufe wird deine Quadrizeps-Muskeln kräftigen. Setze deine Oberschenkelmuskeln – nicht deine Arme – ein, um dein Gesäß zu heben und zu senken. Bewege dich atemsynchron, atme ein, wenn du dein Gesäß anhebst und aus, wenn du es zurück zum Boden bringst. Halte deinen Rücken gerade. Achte darauf, dass deine Beckenbodenmuskeln und dein Nabelzentrum zur Entlastung deines Rückens angespannt bleiben. Falls du ein unangenehmes Gefühl in den Knöcheln bemerken solltest, dann stütze sie auf einem gefalteten Handtuch ab.

Du solltest keine Schmerzen in den Knien verspüren. Falls Beschwerden auftreten sollten, versuche, deine Knie etwas weiter auseinander zu bringen. Indem du den Wadenmuskel seitlich nach außen drehst, kannst du mehr Platz schaffen, um bequem sitzen zu können. Achte darauf, dass deine Wirbelsäule gerade bleibt und sich nicht krümmt und du den Scheitel deines Kopfes nach oben drückst. Bewege dich langsam und bewusst, während du dein Gesäß hebst und wieder zum Boden sinken lässt. Falls du dein Gesäß mühelos bis zum Boden bringen kannst und keine Kniebeschwerden verspüren solltest, kannst du die Bewegung wahlweise auch schneller werden und dein Gesäß dreißig Mal federnd auf dem Boden aufkommen lassen. Dies wird Energie an der Basis der Wirbelsäule mobilisieren. Halte deinen Rücken gerade.

Um zu *Suptavajrasana*, der zweiten Stufe, überzugehen, lege deine Hände hinter deinem Rücken auf den Boden - deine Finger zeigen dabei zu dir - und lehne dich dann auf deine Hände gestützt zurück. Strecke deinen Nacken, lasse deinen Hinterkopf nach hinten sinken, bis er auf den Schultern zu liegen kommt, und atme. Behalte die Dehnung in deinen

Oberschenkeln bei und drücke deine Knie weiterhin nach unten. Dein Becken ist leicht gekippt, sodass sich dein Kreuzbein nach unten Richtung Boden bewegt.

Falls du die Dehnung noch weiter intensivieren möchtest, dann lege deine Ellenbogen und Unterarme auf den Boden, bringe deine Hände zu deinen Füßen und berühre mit dem Scheitel deines Kopfes den Boden wie in der Fisch-Haltung. Deine Knie sollten auf dem Boden liegen bleiben. Du wirst die Dehnung im Quadrizeps spüren, aber übe nicht zu viel Druck auf die Knie aus, damit die Muskeln und Bänder von Oberschenkel und Knie nicht überstrapaziert werden. Halte die Beckenbodenmuskeln (*Mulabandha*) und das Nabelzentrum angespannt. Beginne mit der Wirbelsäulenatmung. In dieser Haltung wird der untere Rücken intensiv gewölbt. Außerdem werden der Quadrizeps und der große Lendenmuskel stark in die Länge gezogen und die Bauchorgane gedehnt und massiert.

Verbleibe so und atme tief und ruhig, oder lasse dich noch weiter nach unten sinken, indem du deinen Hinterkopf auf dem Boden ablegst. Bringe dein Kinn auf deine Brust. Strecke deine Arme über deinen Kopf. Atme tief und führe dabei bewusst Energie entlang der Wirbelsäule nach oben. Drücke deine Knie weiterhin in den Boden und dein Kinn auf deine Brust. Halte *Mulabandha* zusammen mit dem Nabelzentrum angespannt. Spüre die äußerst entspannende Qualität der Haltung. (Um spirituell davon zu profitieren, kannst du längere Zeit in dieser Haltung verbleiben.) Es kann sein, dass der Atem zunehmend feiner wird. Entspanne dich in die Haltung hinein, oder gehe zu einer vorherigen Stufe zurück, sobald du Beschwerden in deinen Knien zu spüren beginnst.

Falls du dich in der Haltung wohl fühlst, dann verschränke deine Arme hinter deinem Kopf, sodass deine Hände auf dem jeweils gegenüberliegenden Schulterblatt zu liegen kommen und klopfe dir dreißig Mal auf den Rücken. Dies kann die feinstofflichen Kanäle, *Ida* und *Pingala*, ausgleichen und dafür sorgen, dass Energie in bestimmte Punkte am oberen Rücken hinein fließt. Alternativ kannst du dich aufrichten, sodass du wieder zwischen deinen Füßen zu sitzen kommst, bevor du deine Arme hinter dir verschränkst, um diese Punkte auf deinem Rücken zu stimulieren.

Um die Haltung zu beenden, verändere langsam die Position deiner Arme, sodass sie deinem unteren Rücken als Stütze dienen können und richte dich nach und nach wieder auf. Achte darauf, dass du deine Knie nicht zu stark belastest. Strecke die Beine aus, massiere angespannte Bereiche in deinen Knien und klopfe beide Seiten der Beine ab. Lehne dich zurück und nimm dreißig Sekunden lang *Shavasana* ein. Drehe deinen Kopf von einer Seite zur anderen, um eventuelle Energieblockaden aufzulösen. Ziehe deine Wirbelsäule lang. Spanne deinen Beckenboden und dein Nabelzentrum an, lege dein Kinn auf deine Brust und richte dich dann beim Ausatmen auf, um deine Zehen zu berühren. Setze dich auf. Überkreuze deine Beine (das linke vor dem rechten) und komme zum Stehen - wenn möglich, ohne dabei deine Hände zu Hilfe zu nehmen. Deine Beine sind hüftbreit geöffnet. Stelle nun deine Füße in einen spitzen Winkel zueinander, sodass sich nur deine Fersen berühren. Drücke deine Fersen und Fußballen in den Boden. Spüre die Entspannung entlang deiner Beine. Öffne deine Schultern, hebe den Scheitel deines Kopfes und senke das Kinn. Bringe die Hände in *Vanekom Mudra*. Richte dich auf.

Achtung: Diese Haltung ist für Menschen mit Ischiasschmerzen, Bandscheibenvorfällen, Kreuzleiden oder Knieerkrankungen nicht geeignet.

Das 17. Asana – *Trikonasana*, Die Dreieck-Haltung (Haltung und Gegenhaltung)

Trikonasana ist eine Dreieck-Haltung mit zehn Abwandlungen, wobei die Gegenhaltungen bereits inbegriffen sind. Diese kraftvolle Bewegungsfolge tonisiert die Wirbelsäule, indem das Rückenmark einem kontinuierlichen Zug ausgesetzt wird. Die Muskeln an der Körpervorder- und Rückseite werden vollkommen gedehnt. Die seitlichen Muskeln des Oberkörpers werden ebenso abwechselnd kontrahiert, entspannt und gestreckt. Alle Rückenmarksnerven werden reichlich mit Blut versorgt. Die Hüften werden geweitet. Beine, Rumpf, Kopf, die Knochen der Beine, die Wirbelsäule und Arme, Muskeln, Nerven, Bänder und Sehnen werden zusammen mit den Drüsen und Blutgefäßen gedehnt. Der Kreislauf wird gestärkt. Der Brustkorb wird erweitert, sodass sich die Lungenflügel öffnen und der Sauerstoffgehalt des Blutes zunimmt. Der Bauch wird gedehnt und alle Organe des Verdauungstraktes werden gekräftigt. Leber, Gallenblase, Nieren, Bauchspeicheldrüse, Nebennieren, Milz und Zwerchfell profitieren alle gleichermaßen. Fettablagerungen im Bauchbereich werden langsam beseitigt.

Die Qualität der Dreieck-Haltung ist Stärke und die Fähigkeit, Gewicht abzustützen und Druck standzuhalten. Die Dreieck-Haltung bringt den Körper ins Gleichgewicht. Insbesondere die Energiekanäle (Nadis) am unteren Rücken werden angeregt und gestärkt. Alle Adharas profitieren. Richte deinen Fokus auf das Nabel/Solar Plexus Zentrum in *Manipura,* während du die Bewegungsfolge ausführst.

****

Mache im Stand je einen großen Schritt nach rechts und nach links. Deine Füße zeigen gerade nach vorne. Deine Knie sind locker. Achte darauf, dass du sie nicht blockierst oder überstreckst. Deine Kniescheibe sollte sich über der Mitte deines Fußes befinden. Schaffe eine stabile Basis. Drücke deine Fersen und Fußballen in den Boden. Strecke deine Arme von den Schultern ab gerade zur Seite. Lasse die Schulterblätter entspannt nach unten sinken. Strecke deinen Zeigefinger aus und rolle die anderen Finger im Daumenballen ein. Dadurch entsteht *Anushasan Mudra*, die auf die Wirbelsäule einwirkt und für Vitalität sorgt. Diese Mudra fördert Disziplin, Effektivität und Erfolg. Hebe den Scheitel des Kopfes. Mache lange, tiefe *Ujjayi*-Atemzüge.

1) Drehe deinen Oberkörper und schaue über deinen rechten Arm auf deinen Zeigefinger. Behalte deinen Zeigefinger im Blick, während du langsam deinen rechten Arm anhebst und deinen linken absinken lässt. Achte darauf, dass du deine beiden Arme ganz ausstreckst. Beuge dich aus der Hüfte heraus. Bewege deinen linken Zeigefinger auf die Mitte deiner linken großen Zehe zu. Drücke, wenn möglich, auf den Zehennagel. Stemme beide Füße gleich stark in den Boden. Strecke dich bis zum Scheitel des Kopfes. Energie fließt von der Mitte zur Peripherie deines Köpers. Dein Kopf ist zur Seite gedreht, sodass sich dein Kinn über deiner rechten Schulter befindet. Deine Augen bleiben auf deinen rechten Zeigefinger gerichtet. Achte darauf, dass du deinen Nacken nicht überbelastest. (*Falls die Anspannung in deinem Nacken zu groß werden sollte, kannst du deinen Kopf auch so drehen, dass du nach unten auf den linken Zeigefinger blickst.) Atme mithilfe von *Ujjayi Pranayama* tief ein und aus und verbleibe mindestens drei Atemzüge lang in dieser Position.

2) Bewege langsam deine linke Hand auf deine rechte große Zehe zu. Drücke, soweit möglich, auf die Zehe. Halte deine Arme aktiv gestreckt. Der Energiefluss in deinen Armen wird gesteigert, wenn du alle deine Muskeln von den Schultern bis zu den Fingern einsetzt. Halte deine Wirbelsäule gestreckt und den Scheitel des Kopfes angehoben. Deine Hüften sollten eben bleiben, auch wenn du beginnst, dich stärker zu verdrehen, indem du deinen Oberkörper nach rechts bewegst. Mache mindestens drei lange, tiefe *Ujjayi*-Atemzüge.

Um die Haltung zu beenden, bringe deine linke Hand langsam zur linken Zehe zurück. Strecke beide Arme aus, wobei deine Augen immer noch auf den rechten Zeigefinger fokussiert sind. Drücke beide Füße in den Boden. Atme tief in die Wirbelsäule hinein. Der Atem wird dich unterstützen, während dich dein rechter Arm wieder zurück nach oben in die Ausgangsposition führt.

3) Drehe langsam deinen Kopf zur Seite, sodass du auf deinen linken Zeigefinger blickst. Bringe dein Kinn direkt über deine linke Schulter. Hebe deinen linken Arm an. Beuge dich aus der Hüfte heraus, sodass deine rechte Hand nach unten in Richtung deiner rechten großen Zehe absinkt. Strecke beide Arme aus. Drücke, wenn möglich, mit deinem rechten Zeigefinger auf deinen Zehennagel. (*Du musst deine Knie nicht beugen, um deine Zehe zu erreichen.) Schaue weiterhin zu deinem linken Zeigefinger nach oben. (Alternativ kannst du deinen Kopf so drehen, dass du auf deinen rechten Zeigefinger blickst.) Es ist wichtig, dass du deine Beine so gerade wie möglich hältst, ohne deine Knie zu überstrecken, und dabei beide Füße gleichermaßen nach unten in den Boden drückst. Du wirst die Muskeldehnung entlang der Arme und der Wirbelsäule spüren. Mache mindestens drei lange, tiefe Atemzüge.

4) Führe die rechte Hand langsam zur linken großen Zehe. Lasse zu, dass sich dein Brustkorb nach links dreht, während deine Hüften eben bleiben. Mache mindestens drei lange *Ujjayi*-Atemzüge. Die Atmung sollte ruhig und entspannt sein. Falls du Spannungen bemerkst, versuche, durch deinen Mund auszuatmen. Wenn du deine Einatmung verlängerst, wirst du für eine Kraftzunahme im Körper sorgen. Eine Ausdehnung deiner Ausatmung hilft, Spannungen oder Beschwerden aufzulösen. Um die Haltung zu beenden, bringe deinen rechten Finger zurück zu deiner rechten großen Zehe. Mache einen tiefen Atemzug entlang der Wirbelsäule. Lasse den linken Arm deinen Körper wieder zurück nach oben zur Mitte führen. Atme. Du wirst einen stärker werdenden Energiefluss wahrnehmen.

*Falls dein Rücken verspannt ist, kannst du deine Zehen vielleicht nicht berühren. Auch wenn du dich nur aus der Taille heraus herabbeugen kannst, wirst du trotzdem von der Dehnung profitieren. Versuche, deine Beine gerade zu halten, aber vermeide es, deine Knie zu überstrecken. Du kannst deine Knie schützen, indem du bei jeder Haltung sowohl die Fersen als auch die Ballen beider Füße in den Boden drückst.

5) Ziehe deine Beckenbodenmuskeln zusammen (*Mulabandha*) und spanne dein Nabelzentrum an, um deine Lendenwirbelsäule bei der jetzt folgenden Haltung zu entlasten. Diese Muskelkontraktionen werden zusammen mit der Dehnung deiner Arme und Beine und der Wirbelsäulenatmung die Haltung innerlich unterstützen, indem sie die Energie in den feinstofflichen Kanälen steigern und ein Gefühl von Vitalität und Entspannung in Körper und Geist aufkommen lassen. Die *Ujjayi*-Atmung wird mehr sauerstoffreiches Blut entlang der Rückenmarksnerven zirkulieren lassen und die Durchblutung von Schilddrüse, Nebenschilddrüsen und Gehirn steigern.

Strecke deine Arme von den Schultern ab ganz aus, während du dich **aus der Hüfte heraus nach vorne beugst**. Deine Füße zeigen immer noch nach vorne. Du drückst sowohl deine Fersen als auch deine Fußballen in den Boden. Dein Kopf und dein Hals sind entspannt. Beuge dich nach vorne, bis sich deine Muskulatur straff zusammenzieht, halte dann inne und beginne mit den Kriyas. Diese pulsierenden Bewegungen werden tiefe Muskelverspannungen auflösen und dafür sorgen, dass du dich in die Dehnung hinein entspannen kannst.

6) Drücke beide Füße gleich stark in den Boden und **richte dich** unter Zuhilfenahme der Beckenboden- und Bauchmuskulatur **während einer Einatmung auf**. Verbleibe mindestens einen tiefen Atemzug lang in dieser mittleren Position, ehe du dich nach hinten beugst. Deine Arme sind immer noch von den Schultern ab ausgestreckt. Hebe deine Brust und dein Kinn. Die Krümmung in der Brustwirbelsäule wird durch das Anheben von Brust und Kinn erzeugt. Dein oberer Rücken wird sich sanft wölben, während dein unterer Rücken gestreckt wird. Drücke dein Becken als Gegengewicht nach vorne. Spüre, dass der obere Rücken unterstützt wird, während du diese leichte Rückwärtsbeuge einnimmst. Die Lendenwirbelsäule sollte nicht gestaucht werden. Achte auf einen ruhigen, ebenmäßigen Atemfluss, während du dich entspannt nach hinten sinken lässt. Wenn du bemerkst, dass du deinen Atem anhältst, dann verbiegst du dich zu sehr. Das Geheimnis bei der Ausführung dieses Asanas ist, ein gleichmäßiges Atemmuster beizubehalten. Falls das Atmen mühsam oder beengt wird, erhebe dich langsam zur Mitte zurück und beginne von neuem.

*Die *Ujjayi*-Wirbelsäulenatmung und Körperbewusstheit werden dich unterstützen, während du dich langsam in die Rückwärtsbeuge hinein begibst und dich anschließend wieder zur Mitte aufrichtest. Bleibe dir dessen bewusst, wie sich der Körper im Raum bewegt. Behalte *Mulabandha* (die Kontraktion der Beckenbodenmuskeln) und die Anspannung des Nabelzentrums bei. Erhebe dich von deiner Brust und deinem Kinn ausgehend bewusst wieder, um zur Mitte zurückzukehren. Du wirst dich durch Energieströme unterstützt fühlen, die von deinem Nabel aus die Wirbelsäule nach oben zu deinem Kopf und durch deine ausgestreckten Arme hindurch nach außen fließen.

7) Achte bei dieser nächsten Variation darauf, dass deine Füße stets nach vorne zeigen. Drehe sie nicht nach rechts. Wenn deine Füße nach vorne gerichtet bleiben, garantiert dies eine „gute Dehnung" in den Hüften, Knien und Knöcheln. Halte deine Arme ganz gestreckt. **Drehe deinen Oberkörper und deine Arme** langsam **nach rechts.** Deine Füße müssen flach auf dem Boden stehen bleiben. Falls sich die Innenkante deines rechten Fußes hebt, hast du dich zu weit nach rechts gedreht. Drehe dich soweit zurück, bis der Fuß wieder ganz auf dem Boden steht. Spanne die Beckenbodenmuskeln und dein Nabelzentrum an. Kontrahiere deinen rechten Oberschenkel; dadurch wird dein rechter Oberschenkelknochen im Hüftgelenk angehoben. **Beuge dich aus der Hüfte heraus über dein rechtes Bein**. Bewege dein Gesicht auf dein rechtes Knie zu. Halte inne, sobald du spürst, dass sich die Muskulatur zusammenzieht, und beginne mit den Kriyas, indem du mehrmals mithilfe von pulsierenden Bewegungen die Dehnung behutsam zu verstärken versuchst. Wippe aber nicht hin und her, um die Dehnung zu erzwingen. Die Bewegungen helfen dir, loszulassen und locker zu werden. Entspanne deinen Hals und deinen Kopf. Es kann sein, dass du spürst, wie sich etwas von der Drehkraft auf die Knöchel, Knie und Hüften überträgt. Dies sollte sich angenehm anfühlen. Atme tief. Genieße die Dehnung.

8) Drücke beide Füße in den Boden und halte deine Arme ausgestreckt, während du deinen nach rechts gewandten Oberkörper innerhalb einer Einatmung aufrichtest. Halte inne, wenn sich dein Oberkörper in aufrechter Position befindet und atme durch (dir könnte ansonsten schwindlig werden). Hebe dann deine Brust und dein Kinn **und lasse dich nach hinten sinken**, indem du deinen Rücken behutsam wölbst. Halte beide Arme gestreckt und drücke beide Füße weiterhin in den Boden. Beuge deine Knie nicht. Hebe deine Brust und dein Kinn an und öffne dein Herz und deinen Hals. Atme mehrmals. Atme ein und richte dich – immer noch nach rechts gewandt – wieder auf.

9) Wende deinen Oberkörper nach links. Drehe dich nicht zu weit. Falls sich die Innenkante deines linken Fußes vom Boden abheben sollte, dann drehe dich etwas zurück. Drücke beide Füße in den Boden und beuge dich langsam aus der Hüfte heraus nach vorne. Spanne deinen linken Oberschenkel an, sodass der Oberschenkelknochen in der Hüftgelenkspfanne angehoben wird, und **beuge deinen Oberkörper** über dein linkes Bein **nach vorne**. Halte inne, sobald du spürst, dass sich die Muskeln zusammenziehen und beginne mit den Kriya Bewegungen. Entspanne dich in die Dehnung hinein, bringe dabei deine Nase so nah wie möglich an das Knie heran, atme und lasse alles los.

10) Halte den Beckenboden und das Nabelzentrum angespannt. Deine Arme sind weiterhin ausgestreckt. Atme ein und drücke beide Füße in den Boden, während du deinen Oberkörper wieder aufrichtest. Halte inne und atme durch. Hebe dann deine Brust und dein Kinn und **lasse dich nach hinten sinken**. Spüre, wie sich Herz- und Halsraum öffnen. Achte weiterhin auf die Qualität des Atems. Falls du feststellen solltest, dass du deinen Atem anhältst, dann strengst du dich zu sehr an. Sobald du dich in die Haltung hinein entspannst, wird dein Atem mühelos fließen. Du wirst dich vollkommen unterstützt fühlen. Halte deine Brust und dein Kinn angehoben, während du dich – immer noch nach links gewandt - langsam wieder aufrichtest.

Drehe deinen Körper **zur Mitte zurück**. Beuge dein rechtes Knie leicht, drücke dich mit deinem rechten Fuß ab und stelle ihn neben deinen linken. Führe deine Hände vor dem Herzen in *Vanekom Mudra* zusammen und ziehe dabei die Energie von der Peripherie in die Mitte. Sei dir der sich verändernden Empfindungen in deiner Wirbelsäule, deinem Atem und dem Raum um deinen Körper bewusst. Nimm dir mindestens dreißig Sekunden lang Zeit, um stehend in Stille zu verweilen. Freude kommt auf, wenn wir Raum im Körper erzeugen und ihn mit Prana und Bewusstheit füllen.

Das 18. Asana - *Purna Shanti Shavasana*, Vollkommene Friedens- und Entspannungshaltung

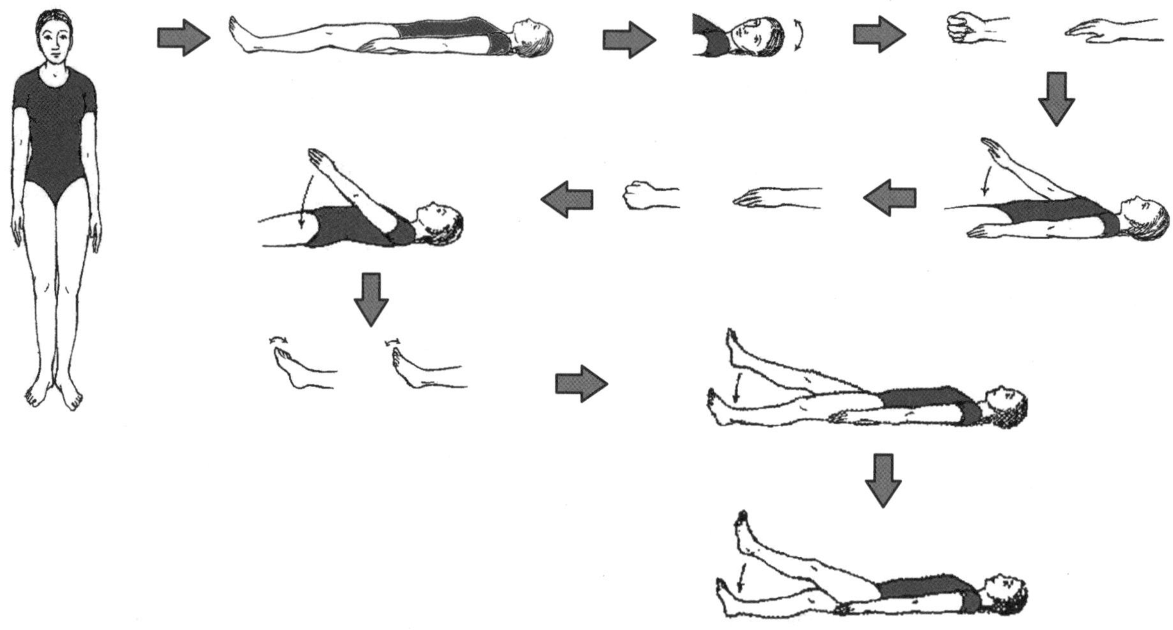

Diese *Shavasana*-(Totenstellung)-Bewegungsfolge entspannt systematisch den gesamten Körper und Geist. Sie beseitigt die Auswirkungen von Stress im Skelett, den Muskeln, Geweben und Zellen, indem sie das komplette Körpergewebe entkrampft. Es handelt sich um eine aus Kontraktion und Loslassen bestehende Entspannungstechnik, die insbesondere für Anfänger ausgezeichnet geeignet ist. Man kann dabei auf systematische Weise lernen, die unterschiedlichen Körperteile zu lockern, indem man die Spannung zunächst verstärkt und anschließend auflöst. Durch das bewusste Aufbauen von Spannung in den Muskeln, können wir das Gefühl von Anspannung wahrnehmen. Wenn das Loslassen unmittelbar auf die Anspannung folgt, entsteht ein deutlich spürbares Gefühl der Entspannung.

Shavasana wird die Durchblutung des gesamten Körpers anregen und für Entspannung in allen Geweben sorgen. Durch regelmäßige Praxis wird man pulsierende Energie, Wärme, eine Linderung von Erschöpfung und ein tiefes Gefühl des Friedens verspüren. Das Nervensystem wird gekräftigt, die geistige Klarheit gesteigert und der Blutdruck gesenkt. *Shavasana* wird oft zur Behandlung zahlreicher Krankheiten eingesetzt und ist ein Schlüssel zur Stärkung des Herz-Kreislaufsystems.

Wenn der Körper absolut ruhig ist, wird der Geist allerlei Arten von Dingen hervorbringen - zufällige und unerwartete bzw. alltägliche oder außergewöhnliche Gedanken. Ganz gleich, was aufkommen mag, wahre eine Distanz zwischen dem, wer du bist, und diesen Gedanken. Indem man die Atmung beobachtet und am Ende von *Shavasana* die Worte für Frieden und Gott chantet, wird eine Botschaft äußerster Entspannung und tiefsten Friedens zu allen Ebenen des eigenen Wesens entsandt.

Obgleich *Shavasana* einfach zu praktizieren ist, lässt es sich nur äußerst schwer meistern. Seine Meisterung erfordert, Frieden auf allen Ebenen des eigenen Wesens zu erreichen. Babaji sagt, man solle zuerst Frieden auf allen Ebenen des eigenen Wesens stiften und dann jenen Frieden und jene Freude mit anderen teilen. Dies bedeutet, das Ziel von Babaji's Kriya Yoga zu verwirklichen: Die universelle Vision der Liebe.

****

Lege dich auf deinen Rücken. Öffne deine Beine weit, deine Füße sind dabei supiniert (auf die Fußaußenkante gerollt und zur Mitte hin geöffnet). Bringe deinen Kopf, Nacken und deine Wirbelsäule in eine Linie. *Wahlweise kannst du ein Kissen oder eine zusammengerollte Decke unter deine Knie legen, um deinen Rücken zu entlasten. Schiebe deine Arme mit nach oben zeigenden Handflächen vom Körper weg. Spüre die Erdanziehungskraft - das Gefühl von Schwere dort, wo der Körper den Boden berührt.

Richte deine **Bewusstheit** auf Kopf und Nacken. **Drehe deinen Kopf ganz langsam von einer Seite zur anderen, so langsam, dass du** jede Bewegung im Raum **wahrnimmst**. Halte deine Bewusstheit auf die Empfindungen in Kopf und Nacken fokussiert und löse alle noch vorhandenen Spannungen oder Energieblockaden im Hals auf. Rolle deinen Kopf dann zur Mitte zurück.

Bringe deine Bewusstheit nach unten zu deiner rechten Hand. Spreize und strecke deine Finger, lege deinen Daumen in die Mitte deiner Handfläche und mache eine Faust. Drücke deine Faust so fest zusammen, wie du kannst. Bleibe fokussiert und atme Energie in deine Hand hinein. Lasse anschließend los und hebe deinen Unterarm mit entspannter Hand langsam bis zum Ellenbogen an und lasse ihn wieder fallen. Hebe danach deinen gesamten rechten Arm ein paar Zentimeter und lasse ihn wieder fallen. Nimm den Unterschied zwischen deinem rechten und deinem linken Arm wahr. Richte deine Bewusstheit auf die linke Hand. Spreize und strecke deine Finger, lege den Daumen in die Handfläche und forme eine Faust. Drücke sie fester zusammen und öffne sie wieder. Hebe danach deinen Unterarm bis zum Ellenbogen an - deine Hand ist dabei entspannt - und lasse ihn anschließend fallen. Hebe dann deinen gesamten Arm ein paar Zentimeter und lasse ihn wieder fallen. Richte deine Bewusstheit auf den rechten Fuß. Strecke die Zehen, spreize sie, bewege sie mehrmals vor und zurück und lasse sie wieder entspannen. Lenke anschließend deine Bewusstheit auf die Zehen des linken Fußes. Spreize die Zehen des linken Fußes. Spüre den Raum zwischen den Zehen und lasse sie entspannen. Drehe deine Füße nach innen und nach außen und spüre dabei die Rotation bis in die Hüften hinein. Nimm wahr, wie schwer deine Beine sind, wenn du sie eines nach dem anderen einige Zentimeter anhebst und wieder auf den Boden fallen lässt.

Der physische Körper wird eine tiefe Entspannung und das Gefühl eines erweiterten inneren Raumes erfahren. Jedoch kann der Geist immer noch zerstreut sein und sich in vielen Richtungen verlieren. Das Unterbewusstsein kann zufällige und unerwartete Gedanken hervorbringen. Damit dieses tiefe Gefühl der Entspannung und des Friedens auch den Geist durchdringt, chante das Shanti Mantra. Das Mantra wird eine Entspannungsreaktion und ein Gefühl des Friedens und der Losgelöstheit gegenüber jedem eventuell aufkommenden Gedanken erzeugen.

Die Klänge dieses Mantras geben allesamt Qualitäten des Friedens und Eigenschaften Gottes in unterschiedlichen Traditionen der ganzen Welt wieder. Sie gehen mit unseren inneren Energien in Resonanz und entfalten in uns die reine Bedeutung hinter den Klängen. Die Klänge stimulieren Schwingung, Licht und Harmonie in unseren Körperzellen. Gemeinsames, lautes Chanten mit anderen verstärkt die Erfahrung. Wenn man sowohl selber chantet, als auch den Widerhall anderer Stimmen vernimmt, beginnt der Geist, sich mit einer von uns allen geteilten Erfahrung des Bewusstseins und Friedens zu identifizieren.

Chante das erste *Shanti* kräftig für den Weltfrieden, das zweite *Shanti* sanfter für Familie, Freunde, Nachbarschaft und das dritte *Shanti* noch sanfter für deinen eigenen individuellen Frieden.

Om, Shanti, Shanti, Shanti, Shalom, Sat Nam, Sadhu, Tao, Em, Aum, Spirit, Swami, Kami, Amin, Amen, Aumen, Selah, Hum, Aum

Eine Minute lang … **sei einfach still**.

Kapitel 4

Babaji's Kriya Yoga Sadhana — Die Bedeutsamkeit eines ganzheitlichen, fünfgliedrigen Weges

Die *Sadhana* (Disziplin) von Babaji's Kriya Yoga ist ein ganzheitlicher, fünfgliedriger Weg zu Bewusstheit. Das heißt, dass durch jedes Element Bewusstheit in die Praxis von Asana, Pranayama, Meditation, Mantra und Hingabe integriert wird und, dass in den einzelnen Techniken alle fünf Glieder enthalten sind. Die Asana-Praxis schließt Elemente von Pranayama, Meditation, Mantra und Hingabe mit ein, genauso wie auch jede einzelne andere Praxis alle fünf Glieder beinhaltet. Eben weil Kriya Yoga solch eine ganzheitliche *Sadhana* ist, verfügt er über das enorme Potential, uns zu bewussteren Menschen zu machen.

Das Wort *Sadhana* leitet sich von der Sanskrit-Wurzel *saad* ab, was „geradewegs auf ein Ziel zugehen, erreichen, meistern" bedeutet. *Sadhana* meint eine tägliche disziplinierte Praxis yogischer Techniken. Alle Kriya Techniken lehren einen, wie man einen Zustand der Bewusstheit erreicht. Das Ziel ist, in jedem einzelnen Moment ein Zeuge der eigenen Lebenserfahrungen zu sein, und dabei Bewusstheit in alle Gedanken, Worte, Träume, Wünsche und Handlungen zu integrieren. Kurz gesagt, gehört alles, was du tust, um dein wahres Selbst aufzudecken und das loszulassen, was seine tatsächliche Natur verschleiert, zur Kriya Yoga *Sadhana*. Sie ist eine Seins-, Sicht- und Lebensweise, die deine „Ich-Wahrnehmung" von der Gleichsetzung mit dem Körper, den Gedanken, Emotionen und deiner Lebensgeschichte abkehrt. Infolgedessen bildet sich Bewusstheit aus und das wahre „Ich" wird enthüllt.

Babaji's Kriya Yoga ist ein aufeinander aufbauendes System von Übungen und spirituellen Praktiken zur ganzheitlichen Selbst-Entfaltung. Kriya Yoga *Sadhana* bezieht alle Anteile deines Wesens ein und wird durch alle seine Aktivitäten hindurch wirken und kann somit tatsächlich deine äußere Natur verwandeln. Sie kann verändern, was du im Leben tust und dich auch anders darüber denken lassen, wozu du imstande bist. Sie verwirklicht dein Potential. Es handelt sich dabei um einen dynamischen und transformativen Yoga, der die Meisterung deines Lebens und Karmas ermöglicht, sodass du dein Dharma entdecken kannst.

Yoga erklärt, dass Karma allem zugrunde liegt, was in unserem Leben geschieht. Jede Situation ist ein Ausdruck unseres Karmas – Ursache und Wirkung, jede Aktion hat eine entsprechende und gleichwertige Reaktion. Jede Persönlichkeit besteht aus einer Ansammlung von *Samskaras* - weitestgehend unterbewussten Prägungen und Neigungen. Diese *Samskaras* geben den Impuls zu gewohnheitsmäßigem Denken, Sprechen und

Handeln, was wiederum unser Karma beeinflusst. Die Ereignisse in unserem Leben, unsere Herkunft, Lebensdauer und Lebenserfahrungen werden durch die Summe unserer Karmas bestimmt. Während ein sehr starkes Karma aus der Vergangenheit gewisse Umstände in unserem gegenwärtigen Leben hervorbringt, kann die Art und Weise, wie wir mit aktuellen Situationen umgehen, unser zukünftiges Karma beeinflussen. Karmas können verändert werden, wenn wir uns unserer Neigungen bewusst und dazu bereit sind, jene zu aufzulösen, die Anhaftung und Leiden hervorrufen. Mithilfe von Unterscheidungs- und Willenskraft können wir lernen, egozentrische Gewohnheiten und Reaktionen durch Handlungen zu ersetzen, die für andere erbaulich sind und in uns Abgeklärtheit und Gleichmut aufkommen lassen. Auf diese Weise können wir unser Karma so akzeptieren, wie es ist und unseren Frieden finden.

Karmische Prägungen existieren in allen fünf Körpern und die fünf Körper durchdringen sich gegenseitig. Emotionen kommen im Vitalkörper auf und beeinflussen diesen. Allerdings kann eine ständige Gemütserregung durch Frustration, Wut, Angst, Gier, Stolz oder Neid Krankheiten im physischen und mentalen Körper auslösen. Ein physisches Gebrechen kann auch entstehen, wenn Disharmonie im spirituellen Körper herrscht. Ebenso wird alles, was den physischen, vitalen, mentalen und/oder intellektuellen Körper nährt, eine direkte Auswirkung auf den spirituellen Körper haben.

Yoga dient dazu, alle fünf Körper zusammen auf friedliche und harmonische Weise zu entfalten. Dies wird als Integration der fünf Körper bezeichnet. Es genügt nicht, sich nur physisch durch Hatha Yoga, oder ausschließlich spirituell durch Bhakti Yoga weiterzuentwickeln. Vollkommene Integration erfordert eine Vorbereitung auf allen Ebenen der eigenen Existenz. Babaji's Kriya Yoga bezieht das gesamte Wesen ein. Die unterschiedlichen Techniken wirken synergistisch auf die physischen und mentalen Schwächen und ebenso auf die Defizite des emotionalen, intellektuellen und spirituellen Körpers. So reinigt zum Beispiel die **Asana**-Praxis nicht nur den physischen Körper, sondern versetzt auch den Geist und die Emotionen in einen ruhigen Zustand. Die **Pranayama**-Praxis reinigt sowohl den physischen Körper, da physische Giftstoffe beseitigt werden, als auch den vitalen Körper durch die Auflösung von problematischen Emotionen. Pranayama und Mudra verbinden Geist und Lebensenergie (*Prana*), welche die vitale Lebenskraft in den feinstofflichen Nadis lenkt, den physischen Körper energetisiert und somit den Intellekt schärft und feinstoffliches Sehen ermöglicht. **Meditation**spraxis kann die Auswirkungen von Stress auf den physischen Körper aufheben, den Geist beruhigen, den Verstand verfeinern und den Praktizierenden für einen Fluss von Inspiration öffnen. Die Praxis von **Mantra Japa** (Repetition) unterbricht gewohnheitsmäßige Gedanken und entwirrt die Gedankengänge des Geistes, wodurch Raum erzeugt wird, damit Inspiration und Erkenntnis von einer höheren Intelligenz herabströmen können. Außerdem ist nachgewiesen worden, dass Mantra-Praxis die Organsysteme des Körpers kräftigt und die Willenskraft sowie das eigene Unterscheidungsvermögen steigert. Die Techniken der **Hingabe** schaffen den Zauber, Gnade zu beschwören, und flößen dem Herzen und dem Geist Wahrheit ein. Anders formuliert, Hingabe baut den Tempel auf, in dem die anderen Körper verweilen können. Sie bildet die notwendige Grundlage, damit die anderen Techniken erfolgreich sein können und das Ziel erreicht werden kann. Im spirituellen Körper erfahrene Zufriedenheit, Freude oder Glückseligkeit wird die anderen vier zutiefst beeinflussen.

Die Effektivität der jeweiligen Übungen wird von Person zu Person unterschiedlich sein. Dies liegt daran, dass wir uns nicht alle in dem gleichen Zustand der Ganzheitlichkeit befinden. Vollkommene Integration erfordert, dass man auf allen Ebenen des eigenen Seins bewusst teilnimmt. Selten findet man jemand, der vollständig Anteil nimmt, während er/sie irgendetwas tut. Babaji's Kriya Yoga kann das gesamte Wesen auf Selbstverwirklichung vorbereiten, aber bei den meisten Menschen erfordert dies Beständigkeit über eine längere Zeit hinweg. Man wird zunächst eine bessere Gesundheit und mehr Energie verspüren, und danach geistige Klarheit und eine ausgeglichenere emotionale Natur. Später kommt es zu einer Steigerung der physischen und subtilen Sinneskräfte und zur Erweiterung der eigenen Perspektive zu einer weniger ichbezogenen und mitfühlenderen Sichtweise. Solch eine Transformation ist jedem möglich, der einer regelmäßigen, täglichen Kriya Yoga Praxis nachgeht.

Kriya Kundalini Pranayama — Die wissenschaftliche Kunst, den Atem und den Geist zu meistern

Kriya Kundalini Pranayama ist die kraftvollste Technik in Babaji's Kriya Yoga. Pranayama wird von den Siddhas als ein Mittel für Langlebigkeit gepriesen. Die Siddhas meinen, dass die normale Lebenserwartung eines Menschen einhundert Jahre beträgt, aber das Unregelmäßigkeiten in der Atmung, die von eingefahrenen schlechten Lebensgewohnheiten herrühren, einen verfrühten Verfall der Körpersysteme zur Folge haben. Daher wird selten tatsächlich jemand einhundert Jahre alt. Das Ziel von Pranayama ist, Atemunregelmäßigkeiten und die schlechten Angewohnheiten, die sie verursachen, zu beseitigen. Kriya Kundalini Pranayama verlangsamt, vertieft und reguliert die Atmung sowie verschiedene Körpersysteme. Es handelt dabei sich um eine elegante und kraftvolle Technik, welche die subtile Lebensenergie steigert, erweitert und in den physischen Körper hinein lenkt. Sie stärkt das physische Nervensystem und trägt zu dessen Homöostase bei, während sie reinigend und regulierend wirkt und mehr vitale Lebensenergie (*Prana*) durch die Körpergewebe zirkulieren lässt.

Auf Sanskrit bedeutet *Pran-ayama:* erste Energieeinheit-Verlängerung. Das Wort besteht aus Klängen, welche den Sinn, „mit dem zu atmen, was ewig ist", transportieren. Denn *Prana* ist die kosmische Energie und zugleich die feinstoffliche, vitale Lebenskraft. Er ist eine dynamische Energie von sowohl physischer als auch mentaler Natur. Er ist reine Energie und entspricht weder Sauerstoff noch Glykogen. Er ist kein Gas. Er ist subtiler. Er ist die Lebensenergie, jene numinose Substanz, welche die Form der alles durchdringenden Energie im Universum darstellt. Er ist die wahre Quelle der eigenen Kraft, des eigenen Enthusiasmus und effektiven Tatendrangs. Er ist ein vitales Energiefeld bestehend aus sexueller, psychischer, dynamischer und essentieller Energie, die allen Funktionen in Lebewesen zugrunde liegt (Bioplasma).

Prana ist für jeden weitgehend verfügbar. *Prana* ist in der Atmosphäre vorhanden. Er wird mit dem Atem in den Körper aufgenommen, aber auch durch Sonnenlicht, das Essen von frischen, prana-reichen Nahrungsmitteln und das Trinken von prana-reichem Wasser absorbiert und durch Meditation gesteigert. Mit etwas Übung kann man sogar - aufgrund ihres Glanzes und ihrer Schwingung - in der Atmosphäre schwebende *Prana*-Kügelchen sehen. *Prana* wird kontinuierlich von der Sonne abgegeben. Er ist keine Kraft des Lichts, aber er ist auf Licht angewiesen, um sich zu manifestieren.

Wenn der *Prana* mit der Atmung eintritt, wird er in fünf Formen von Energie mit bestimmten Eigenschaften aufgespalten. Die Funktion von *Prana* bezieht sich auf die Atmung, die von *Samana* auf die Verdauung, die von *Apana* auf die Ausscheidung, die von *Vyana* auf die körperliche Koordination und die von *Udana* auf die Integration. Diese fünf Bereiche müssen ausgeglichen sein. Ein Ungleichgewicht in einem wird Störungen in den anderen auslösen. Man sagt, dass Krankheit und Altern Reaktionen auf niedrige oder unausgewogene pranische

Niveaus sind. Eine regelmäßige Pranayama-Praxis ist zwingend erforderlich, wenn der Verfall des physischen Körpers überwunden werden soll.

Die Siddhas sprechen von *Prana* als der „Intelligenz", die den Körper belebt und beatmet. Sie sagen, dass der *Prana* jede Einatmung aufnimmt und jede Ausatmung ausstößt. Er ist das in den Lungen und dem Herzen wirkende „Feuer", das Sauerstoff in eine innere Lebensenergie umwandelt. Er ist jene Kraft, die sich mit dem Blut verbindet, es mit Sauerstoff anreichert, ihm seine rote Farbe verleiht und es durch den ganzen Körper zirkulieren lässt. *Prana* belebt die einzelnen Atome und Zellen und versorgt die Nerven mit elektrischer Kraft. Er magnetisiert das im Körper vorhandene Eisen und erzeugt eine natürliche, den Körper umgebende Strahlung (Aura). Die Aura wird zu einer starken magnetischen Kraft und einem Energiereservoir.

Prana ist eng mit dem Geist und den Denkvorgängen verbunden. Yoga besagt, dass der *Prana* und der Geist sich strukturell nicht unterscheiden. Die Bewegung des *Pranas* mit dem Atem befähigt den Geist, zu denken. Wenn es die *Prana*bewegung in den entsprechenden Kanälen im Körper nicht gäbe, käme es auch zu keiner Regung des Geistes, um sie zu erfassen. *Prana* durchläuft den Körper infolge von Vorgängen, deren Ursprung im Geist liegt. Es ist allein auf die Bewegung von *Prana* zurückzuführen, dass der Geist in Erscheinung tritt. Jeder Gedanke, der den Geist durchzieht, durchquert auch den Körper. Der Atem ist der Kanal, der diese Gedanken transportiert. Jede Störung im Geist wird den *Prana* im Körper aufwühlen. Aufruhr im *Prana* wird Rastlosigkeit im Geist erzeugen. Ständige Unruhe im Körper oder im Geist verursacht Krankheiten im jeweils anderen. Wenn der Atem verlangsamt und reguliert wird, verliert der Geist seinen „Treibstoff", um den *Prana* aus dem Gleichgewicht zu bringen. Sobald die Ruhelosigkeit im *Prana* nachlässt, wird der Geist still.

Die „Quantität" des eigenen *Pranas* äußert sich als persönliche Kraft, Enthusiasmus und effektiver Tatendrang, seine „Qualität" allerdings wird durch die Persönlichkeit, Begierden, Gefühle und Leidenschaften dominiert. Jemand kann über reichlich *Prana* verfügen und mächtig sein, aber diese Kraft kann aufgrund seiner/ihrer Gedanken und Begierden eine hohe oder eine niedrige Schwingung haben. Durch die regelmäßige Praxis von Kriya Kundalini Pranayama und Meditation wird der *Prana* harmonisiert und bekommt eine höhere Schwingung, sodass äußere, weltliche Störungen und Ablenkungen ihren dominierenden Einfluss verlieren. Man entwickelt eine tiefsinnigere und weitere Perspektive und beginnt, anders auf die Ereignisse im Leben zu reagieren. Mitgefühl, Akzeptanz und Losgelöstheit ersetzen Beurteilung, Verhaftung und Frustration. Anstatt seine Fassung angesichts der alltäglichen, weltlichen Probleme zu verlieren, sieht man vielmehr Wege, sie zu lösen. Daher kann man Pranayama auch als einen Prozess der Bewusstheitsschulung ansehen.

Kriya Kundalini Pranayama startet diesen Vorgang des „Bewusstheitstrainings". Für Pranayama bedarf es stets auch Bewusstheit; andernfalls handelt es sich lediglich um eine Atemübung. Bewusstheit beginnt mit Aufmerksamkeit. Durch Aufmerksamkeit wird der bewusste Verstand aktiviert; Bewusstheit allerdings erfordert, dass die gesamte eigene Aufmerksamkeit auf eine einzige Sache fokussiert wird. Man ist zu einhundert Prozent beteiligt. Normalerweise ist nur ein kleiner Anteil der eigenen Aufmerksamkeit auf einen einzelnen Punkt gerichtet. Unser Geist konzentriert sich selten auf nur eine Sache. Wir sind „multi-tasking"-fähige Menschen und splitten unsere Aufmerksamkeit in vielerlei Weise auf.

Kriya Kundalini Pranayama erlaubt es einem nicht, mehrere Dinge gleichzeitig zu tun. Es erzeugt ein natürliches *Pratyahara* (Rückzug der Sinne) und *Dharana* (auf einen Punkt gerichtete Konzentration), was zu *Dhyana* (Meditation) führt. Wenn die Kriya Pranayamas zweimal täglich mit voller Bewusstheit für das sich Zutragende praktiziert werden, können sie letzten Endes den Atemfluss durch beide Nasenöffnungen und das feinstoffliche Nervensystem innerhalb von *Ida* und *Pingala Nadi* ausgleichen. Sobald die aus- und eintretenden Atemströme harmonisiert sind, verbindet sich *Prana* mit dem Geist und man erfährt mentale Beständigkeit und Ruhe. Die Gedanken und das Bewusstsein werden gefestigt und man wird eingehüllt in ein Gefühl von Leichtigkeit, Ausdehnung und Erhebung. Der feinstoffliche, zentrale Kanal in der Wirbelsäule (*Sushumna*) öffnet sich, wodurch das Fließen einer höheren, vibrierenden Kraft und eines höheren Bewusstseins angeregt wird und die subtilen Energiezentren erweckt werden. Bei dem Prozess handelt es sich um ein sanftes Erwachen von *Kundalini Shakti*. Die Energie wird in *Sushumna* nach oben gelenkt und durchdringt schließlich die sechs Haupt-Adharas, um *Sahasrara Chakra* zu erreichen, den tausendblättrigen Lotus am Scheitel des Kopfes. Die zu jedem Adhara gehörenden seelischen Zustände werden bei diesem Prozess aktiviert und von einem neuen Gefühl dynamischer Kraft auf allen fünf Existenzebenen begleitet. Sobald *Anahata* beim Herzen durchdrungen und erweckt ist, beginnt man eine Reise über den normalen Bewusstseinsbereich hinaus auf eine innere Vision des eigenen wahren Selbst zu.

Babaji's Kriya Yoga Dhyanas — Die wissenschaftliche Kunst, den Geist zu meistern und das eigene Leben mitzugestalten

Kriya Yoga *Dhyanas* (Meditationen) sind einzigartig. Sie bilden eine fortlaufende Serie; jede Meditation baut auf der anderen auf und hilft, eine weitere Bewusstseinsebene zu entfalten. Sie veranlassen dich dazu, alle deine fünf Körper zu untersuchen und richtig auf sie einzuwirken. Sie beeinflussen verschiedene Bewusstseinsebenen: das Unterbewusstsein und das Unbewusste, den Intellekt und sogar das Überbewusstsein. Sie führen dich durch einen Prozess, bei dem du dazu ermutigt wirst, dir deiner mentalen Konditionierung, deiner Wünsche, Abneigungen und Begierden vollkommen gewahr zu werden und sie dann bewusst abzulegen. Kriya Meditationen wirken darauf hin, deine inneren Sinne zu schulen und deine Intuition zu entfalten. Sie erforschen den bezeugenden Geist. Zeugenbewusstsein bildet sich bei deinen Meditationen aus, wenn du deine Mitte erfährst und dir bewusst wirst, dass du deine Gedanken beobachtest. Du beginnst, dabei zuzusehen, wie du handelst, denkst, fühlst, hörst, schmeckst, berührst und riechst. Dieses Bezeugen wird irgendwann Teil deines gewöhnlichen Tagesablaufes werden und dich während Routineverrichtungen, bei deinen Handlungen und Reaktionen und manchmal sogar im Schlaf begleiten.

Die Praxis von Kriya Dhyana Yoga begünstigt, dass eine in der Meditation erkannte Wahrheit in das Wachbewusstsein vordringen und dort wirksam werden kann. Da die Meditationen dazu dienen, das Unterbewusstsein zu reinigen, helfen sie, gewohnheitsmäßiges falsches Denken und Tun durch konstruktive Regungen und

Handlungen zu ersetzen. Geführt durch eine wachsende Bewusstheit bei allen Aktivitäten wird man in jedem einzelnen Moment achtsam. Man lernt, zu unterscheiden und sich von den nutzlosen und negativen Gedanken zu distanzieren, die aufkommen, um Frieden und Glück zu verhindern.

Die Natur und Qualität des Lebens, das du führst, werden dadurch bestimmt, wie bewusst und gegenwärtig du bist. Diese Meditationen zielen nicht darauf ab, Gedanken zu unterdrücken und dich in einen traumähnlichen Raum versinken zu lassen, sondern sind auf dynamische Methoden fokussiert, um die Kraft des Geistes zu verstärken. Sie stimulieren einen sofort verfügbaren und auf die Herausforderungen und die Aufgabe im Leben anwendbaren Fluss von Intuition, Inspiration und Bewusstheit in jedem einzelnen Moment.

Die Kriya Meditationen begründen eine Disziplin, um die Vorstellungskraft regelmäßig weiterzuentwickeln und auf schöpferische Weise zu gebrauchen. Der Mensch ist sehr kreativ. Die Theosophie erklärt uns: „Wie ein Mensch denkt, so wird er auch." Wir können aus dem Nichts heraus die Dinge erzeugen, die wir uns vorstellen. Wir alle verfügen über das Potential einer hervorragenden Vorstellungsgabe und einer kraftvollen Projektion. Dies kann unser Leben lenken. Vorstellungskraft ist die Fähigkeit, sich selbst aus gegenwärtigen Umständen heraus in realisierbare hineinzuversetzen und diese dann durch Projektion anzuziehen. Diese Dhyanas entwickeln und steuern jene große Kraft unseres Vorstellungsvermögens, um Veränderungen in unserem Leben zu bewirken.

Für gewöhnlich setzen wir unsere Vorstellungskraft nicht richtig ein, z.B. wenn wir uns aus einer Angst heraus das Schlimmste ausdenken, das passieren könnte, oder aufgrund von Beurteilungen, die auf begrenzten Informationen basieren, das Schlechteste von anderen annehmen. Auch Begierde und Abneigung sorgen dafür, dass wir unser Vorstellungsvermögen falsch gebrauchen. Wir malen uns aus, wie gut etwas sein würde, oder stellen uns vor, wie schlecht etwas werden könnte. Und wir machen uns Sorgen, was darauf hinaus läuft, dass wir über das nachdenken, was wir nicht wollen. Kriya Yoga besagt, warum sollte man sich im Leben nicht die positivsten und konstruktivsten Dinge vorstellen? Warum sollte man sich Katastrophen ausmalen, wenn man sich genauso gut positive und vernünftige Ergebnisse im Leben ausdenken könnte? Offensichtlich ist die Vorstellungskraft ein Instrument, das diszipliniert werden muss.

Phantasiegebilde, die realistisch und beständig mit Detailtreue und Streben aufgebaut werden, tendieren dazu, wahr zu werden. Wenn wir den Prozess um vitale Lebensenergie ergänzen, kann dies zu einer lebendigen Kraft werden. Die meisten unserer Vorstellungen sind weder sehr stabil, noch basieren sie auf vitaler Lebensenergie, da wir gewöhnlich das Interesse verlieren und dazu übergehen, uns etwas anderes auszudenken. Die Kriya Dhyanas sorgen für die notwendige Disziplin, um unsere Vorstellungskraft auf die Lebensziele zu lenken und darauf ausgerichtet zu halten. Mehrere der Meditationen entwickeln gezielt unser Vorstellungs- und Visualisierungsvermögen weiter, um eine neue Realität zu erschaffen.

Letztendlich ist das Ziel der fortgeschrittenen Kriya Dhyanas, Einheit und Übereinstimmung mit dem Höchsten und seinem Willen zu erreichen und so zu Mit-Schöpfern in unserem Leben zu werden. Dies ist jedoch nicht möglich, solange die vom Ego stammenden Vorlieben immer noch eine Rolle spielen. Verschiedene Meditationstechniken bieten uns die Möglichkeit, Ego-Begierden zu beseitigen, indem wir uns ihrer bewusst werden bzw. sie manchmal auch ausleben, oder uns des Strebens unserer Seele gewahr werden. Diese Meditationen führen uns an die Bewusstheit unseres wahren Selbst heran und helfen uns, unser *Dharma* und die Rolle, die wir zu erfüllen haben, zu erkennen. Wir beginnen, zu verstehen, dass wir Teil von etwas sind, das viel größer ist als wir.

Kriya Dhyanas versetzen uns in die tiefsten Zustände mentaler Stille, in denen nur noch Bewusstheit vorhanden ist. Dies ist das Stadium von *Samadhi*, in dem der Meditierende und die Meditation verschmelzen. In diesem Zustand empfangen wir Inspiration (*Prajna*) von einem schöpferischen Bewusstsein, welches dann unsere Lebensenergie (Prana) bei allen Aktivitäten, einschließlich unserer Arbeit, unserer Beziehungen und unseres kreativen Ausdrucks, lenkt.

Kriya Mantra Yoga – Die wissenschaftliche Kunst, den Intellekt zu meistern

Wir alle sind uns der Kraft des Wortes durchaus bewusst. Ganz gleich, ob wir sie aussprechen oder denken, die Worte, die wir gebrauchen, wirken sich nicht nur auf andere, sondern auch auf uns selber aus. Wir müssen unsere Worte weise wählen. Worte der Wut machen uns wütender, Worte der Angst machen uns ängstlicher und Worte der Liebe machen uns liebevoller. Negative Gedanken oder Ängste können nur von der Energie leben, mit der wir sie versorgen. Normalerweise beschäftigen wir uns entweder mit ihnen oder unterdrücken sie. So oder so nähren wir sie. Solange wir uns mit ihnen identifizieren, bleiben sie in unserem Geist und unserer Psyche bestehen. Dieselben Gedanken und Worte unentwegt zu wiederholen, beeinflusst uns auf immer tieferen Ebenen. Sowohl im Guten wie auch im Schlechten wird dadurch die Botschaft weiter in unser Unterbewusstsein und sogar bis in die Zellen unseres physischen Körpers hinein transportiert.

Die im Kriya Yoga eingesetzten Mantras bewahren den Geist vor den Fehlern des gewöhnlichen Denkens, indem sie die Aufmerksamkeit von jeglicher Aufregung weglenken. In seinem Buch, *Das Tirumandiram*, drückt es Tirumular wie folgt aus: „Ein Mantra schützt denjenigen, der sich besinnt." Anstatt sich in Gedanken und Impulsen zu verlieren, die sich als Begierden, Abneigungen, Emotionen und Grübeln manifestieren, wird man durch die Wiederholung eines Mantras von ihnen befreit. Sogar starke Emotionen, wie z.B. Hass, können mit Hilfe des richtigen Mantras aufgehoben werden.

Es bedarf eines neutralen bzw. abgeklärten mentalen Zustandes, wenn du deinen Geist effektiv von negativen Mustern reinigen möchtest, die in deinem Unterbewusstsein eingeschlossen sind. Indem du ein wirkungsvolles Mantra auf den Atemrhythmus abstimmst, kannst du Zugang zum Unterbewusstsein wie auch zum Bewusstsein erlangen und sogar tief verwurzelte Muster von Hass, Angst, Wut oder Trauer beseitigen. Durch regelmäßiges Üben von *Japa* (Mantra Repetition) wird dein Geist neutral und losgelöst werden.

Wenn konditionierte, negative Gedanken, Emotionen oder Impulse den Raum deines Geistes durchziehen, dann ersetze sie durch ein Mantra, anstatt dich mit ihnen zu befassen. Sie werden sofort verschwinden. Der richtige Gebrauch eines Mantras kühlt und beruhigt dein gesamtes Wesen und richtet das Bewusstsein auf deine Seele aus. Gelassenheit bildet sich aus, wodurch die Leidenschaften des Egos abgeschwächt werden. Mantras sind nicht nur eine Kombination aus Buchstaben, Silben oder Wörtern, um den vitalen Körper zu erbauen; es handelt sich dabei um spezifische Schwingungen, welche die Kraft haben, dich neu zu erschaffen.

Wie wirken Mantras auf uns?

Die Yoga Wissenschaft erklärt uns, dass alles, bis hin zur atomaren Ebene, im Wesentlichen Schwingung in Form von Klang ist. Klang ist das grundlegende schöpferische Potenzial unseres Wesens. Diese Klangschwingungen offenbarten sich im reinen Bewusstsein der erleuchteten Siddhas in tiefsten Zuständen der Meditation. Diese essentielle Schwingung (*Spanda*) ist wahres Mantra. Ein Mantra besteht aus bestimmten kraftvollen Klängen oder *Bijas* (Keimsilben). Man sagt, dass *Bija*-Mantras das mikrokosmische Klangkorrelat der makrokosmischen Essenz sind. Wenn der *Bija*-Klang ausgesendet wird, transportiert diese kleinste Klangeinheit auf einen einzigen Punkt konzentrierte pranische Kraft.

Die Siddhas verwendeten Mantras als heilige Formeln, um das Göttliche zu erreichen. Es gibt von den *Adharas* ausgehende *Bija*-Mantras. Die Siddhas sagen uns, dass *om, na, mah, si, v, ya* tatsächlich von ihnen ausgesandt werden. *Om* bzw. *lam* geht aus Muladhara hervor; *na* bzw. *vam* aus Swadhisthana; *mah* bzw. *ram* aus Manipura; *si* bzw. *yam* aus Anahata; *va* bzw. *ham* aus Vishuddi; *ya* bzw. *om* aus Ajna. Unterschiedliche Mantras spiegeln verschiedene Bewusstseinszustände wider.
Diese Mantras werden in Babaji's Kriya Yoga während heiliger Mantra Einweihungen (*Diksha*) empfangen, wobei sie ihre Kraft erhalten. Sie sind konzentrierte Samen reiner Energie, die aus einer Klang aussendenden Quelle hervorgehen. Es handelt sich um subtile, leuchtende Klänge, die für die äußeren Sinne nicht wahrnehmbar sind. Durch regelmäßiges stilles Chanten des Mantras (*Japa*), bildet man innere Ruhe und Kraft aus, erfährt Unterstützung bei der eigenen yogischen Sadhana und wird dazu imstande sein, die eigene Kriya Disziplin einzuhalten. Wenn man das Mantra kontinuierlich still wiederholt, wird es noch weiter verfeinert und dringt auf immer tiefere Ebenen vor. Man spürt die jeder Silbe innewohnende Energie als Schwingung im Körper, sobald die eigene Kundalini deren Essenz aufnimmt. Die Schwingung, die durch diese Klänge erzeugt wird, vermischt sich mit *Prana,* um den Geist und den Intellekt zu reinigen. Dies ist damit gemeint, wenn im Yoga gesagt wird, dass Mantras das Pulsieren des Universums mit der Wurzel des Geistes verbinden. Der Geist wird erweitert und öffnet sich so für die Erleuchtung durch den Klang an sich. Auf dieser tieferen Ebene entwickeln wir göttliche Qualitäten wie z.B. Liebe, Mitgefühl, Wahrhaftigkeit, Güte, Einsicht, Schönheit, Disziplin und Ausdauer. Die Schwingung des Mantras erreicht die Seele eines vorbereiteten Eingeweihten und fördert das Erwachen jener Qualitäten darin. Durch richtigen täglichen *Japa* beginnt man, sich eher mit den unendlichen Aspekten der Seele zu identifizieren als mit den flüchtigen Forderungen und Abneigungen des Egos.

Beständiges Wiederholen der Namen des Herrn befähigt uns dazu, die Gegenwart Gottes in Form der göttlichen Qualität der Liebe zu erfahren. „Liebe offenbart sich dort, wo ein geeignetes Gefäß vorhanden ist." (*Narada Bhakti Sutras*) Mantras formen uns zu solchen Gefäßen, welche die göttliche Liebe zum Ausdruck bringen und bewahren können. Die

Siddhas bevorzugen die Bezeichnung *Ishvara* als Namen für Gott, da sie keinerlei begrenzende Qualitäten besitzt. *Ishvara* setzt sich aus zwei Begriffen zusammen, „*Shiva*", was „der Herr" bedeutet, und „*Svara*", was „das eigene wahre Selbst" heißt. Mantras ermöglichen uns, *Ishvara* zu erfahren – das, was allgegenwärtig ist, das essentielle Wesen hinter allen Namen und Formen. Die Namen verschiedener Gottheiten sind Abbilder der Klänge, welche eine bestimmte Kraft und/oder gewisse Qualitäten der einen höchsten Seele widerspiegeln.

Die Mantras im Kriya Yoga bergen das Potenzial, den Geist in reine „Ich"-Bewusstheit hineinzuversetzen. Der Geist wird auf die Schwingung des Mantras fokussiert und beginnt, sich darauf einzustimmen. Die individuelle Seele und die Pulsation der höchsten Seele schwingen schließlich im Einklang. So lange es allerdings sowohl das Mantra als auch denjenigen gibt, der das Mantra wiederholt, bleibt die Dualität bestehen.

Kriya Bhakti Yoga – Liebe entwickeln und Wahrheit finden

Bhakti Yoga ist die Kultivierung des Strebens nach Gott, dem Herrn in Form von Liebe oder gestaltloser Wahrheit. Das Ziel von Bhakti Yoga ist, sich von den Begrenzungen zu befreien, die durch Identifikation mit dem Ego, sinnliche Begierden und Verhaftung entstehen. Es sind unsere sinnlichen Begierden und unsere Verhaftung, die uns den Weg des Schmerzes und Leidens gehen lassen. Letztendlich bedarf es des Herrn in Form von Liebe, um Lust, Wut, Stolz, Neid und Begierde vollständig zu beseitigen. Nur dann können wir vom Leiden befreit werden und die Freuden des Lebens genießen. Chanten, Singen, Tanzen, Weinen, Beten zu Gott – dies alles sind grundlegende Aktivitäten, die das gesamte Wesen einbeziehen und Liebe aufkommen lassen. Kriya Bhakti Yoga allerdings sieht vor, sich auf die „Gnade" der Liebe bei jeder einzelnen Kriya Praxis - auch bei Asana, Pranayama, Meditation oder Mantra - zu besinnen. Bhakti ist eine Handlung, die ein inneres Feuer nährt, welches das Streben nach dem Herrn als Liebe intensiviert, da es das Ego läutert.

Vor Jahren wurde ich an einem Strand in Rishikesh (Indien) durch die Schreie eines sich vollkommen verrückt aufführenden Sadhus aus meiner Meditation gerissen. Er tauchte aus dem Nichts heraus auf, zumindest schien es so, und schimpfte wild vor sich hin. Ich öffnete meine Augen und sah, wie er ein scharfes Metallschwert schwang, dabei auf der Sandfläche hin- und herrannte und in Hindi oder Sanskrit - einer Sprache, die ich nicht verstand - schrie. Er schien ziemlich verstört, ja sogar zornig zu sein. Ich wusste nicht, ob er chantete oder auf all die Menschen aus dem Westen am Strand oder auf Gott selbst wütend war. Er fuhr fast eine Stunde lang mit dem Gezeter fort. Die Leute aus dem Westen, verängstigt durch seine Gebärden, schnappten ihre Yoga-Matten und Meditationskissen und kletterten die steinige Küste hinauf, um in ihren Hotelanlagen Ruhe zu finden. Der Sadhu schimpfte weiter. Ich schloss meine Augen und setzte meine Meditation fort. Ich empfand den Klang seiner Stimme als authentisch, aufregend und beruhigend zugleich. Als ich später meine Augen öffnete, saß der Sadhu recht herzlich lächelnd neben mir. Er sagte auf Englisch: „Gott ist Liebe. Liebe ist Gott. Manchmal müssen wir Seine Aufmerksamkeit einfordern." Der Sadhu gab mir eine Knoblauchzehe und eine Handvoll Kräuter und forderte mich auf, sie an Ort und

Stelle zu essen. Ich tat es. Dann meinte er: „Vergiss nie, dass es keinen Unterschied zwischen Liebe und Gott gibt. Um das eine zu finden, suche das andere."

Jede spirituelle Praxis, der es an wahrer Liebe und Hingabe fehlt, hat die Tendenz, egoistische Neigungen zu fördern. Erst *Bhakti* (Liebe) bildet die erforderliche Beständigkeit und feste Grundlage aus, um die Sinne kontrollieren zu können, aufgrund derer die Begierden und Abneigungen des Egos entstehen. Kriya Yoga verlangt, dass man sich der Wünsche und Aversionen des Egos bewusst wird und lernt, sie zu beherrschen. Aber ohne diesen letzten Schritt, bei dem göttlicher Liebe und Mitgefühl Ausdruck verliehen wird, können das wahre Selbst und Naturell, die egoloser Liebe und Barmherzigkeit entsprechen, niemals verwirklicht werden.

Hingebungsvolle Aktivitäten umfassen Kirtan (Chanten), persönliche Verehrung oder Gruppenrituale, aber auch jede in Liebe und Besinnung auf das Göttliche ausgeführte Geste - sogar das Einfordern von Gottes Aufmerksamkeit - ist eine Form der Hingabe. Gemäß der *Bhagavad Gita* entspricht Hingabe allem, was frei und selbstlos gegeben wird, ohne dafür etwas als Gegenleistung zu verlangen. Hingabe, die man still im Herzen trägt, aber dennoch in einem Leben des Dienstes zum Ausdruck bringt, ist ein kraftvolles Mittel der Läuterung. Die Handlungen an und für sich sind dabei nicht wichtig. Karma Yoga oder selbstloses Dienen ist die Form von Bhakti Yoga, die von Babaji und den Siddhas am höchsten angesehen wird. Um Fortschritte bei Babaji's Bhakti Yoga zu machen, ist es entscheidend, die Vereinigung mit der Wahrheit zu erfahren und ihr im Inneren und Äußeren zu dienen.

Mantra Repetition (*Japa*), Meditation und mitfühlendes Dienen nebst Anbetung und Hingabe sind Varianten von Kriya Bhakti Yoga. Sogar unsere Asana- und Pranayama-Praxis kann zu einer Form von ritueller Verehrung werden und alles davon kann auf jemanden transformierend wirken, der über Liebe, Reinheit, Demut und einen auf einen Punkt konzentrierten Geist verfügt. Kriya Yoga birgt transformative Kraft, da er uns dabei hilft, Liebe in unserem eigenen Herzen zu erfahren und sie in unseren Asanas, Pranayamas, Mantras, Meditationen, unserer Anbetung und unserem Dienen zu festigen.

Hingabe ist eine intrinsische Eigenschaft der Seele. Wenn ein Strahl der Seele die Oberfläche unseres äußeren Seins erreicht, bekommen wir einen flüchtigen Eindruck jener Hingabe. Sie wird als Freude oder Liebe ohne konkreten Anlass erfahren und wir werden uns der unermesslichen Göttlichkeit, die uns umgibt, bewusst. Durch Bhakti lässt sich die hingebungsvolle Natur der Seele aufdecken und entfalten. Dies ist ein weiterer Weg, um sich von Konditionierung frei zu machen und letztendlich Transformation zu erreichen. Transformation wird auf natürliche Weise jedem zuteil, der für die gewaltige Kraft der Hingabe offen ist.

Hingabe wird dich für das Herabströmen von Gnade empfänglich machen. Es bedarf Jahre der Läuterung zur Ausbildung jener intensiven Hingabe, die für die vollständige Reinigung und Heiligung der eigenen Gedanken notwendig ist. Wahre Hingabe jedoch kann die Gnade, die erforderlich ist, um alle deine Gedanken zu segnen, sofort anziehen. Durch Hingabe kann der Geist so in der reinen Emotion der Liebe absorbiert werden, dass er in *Bhava Samadhi* hinein versetzt wird, was unzureichend als eine vollkommene Identifikation mit der Liebe an sich beschrieben werden kann. Erfüllt von der reinen Empfindung der Liebe geraten der Körper und die Welt in Vergessenheit. Der Geist ist gänzlich in dem Geliebten versunken.

Man beginnt, mit gegenüber der Welt verschlossenen Augen über den Herrn zu meditieren und den Herrn mit offenen Augen in der Welt zu sehen, dank jahrelanger vorheriger yogischer Praktiken. Dies führt zu Gleichmut, Gleichheit, Mitgefühl, Selbsthingabe und Ehrfurcht gegenüber allem, was man sieht, denkt und erlebt. So stark ist die Kraft eines von Hingabe erfüllten Herzen.

Bhakti ist gewiss eine herzergreifende Methode, bestimmte spirituelle Wahrheiten zu verstehen: *wir brauchen nichts zu besitzen; wir müssen alles nur als Zeugen beobachten; wir sind Perlen, die auf dem Faden, welcher der Herr Selbst ist, aufgereiht sind und jener Faden reißt nie und wir werden nie zerstreut. Wir erkennen, dass das Göttliche all das, was wir sind, und all das, was wir zu besitzen glauben, und alles, was wir tun, in Seinen Händen hält.*

Für Fortschritt im Kriya Yoga ist Selbststudium erforderlich

Die erwachende Seele hat dich dazu gebracht, den spirituellen Weg einzuschlagen. Sie setzte den Prozess in Gang, als du anfingst, das weltliche Leben zu hinterfragen und damit unzufrieden zu sein, unabhängig davon, wie gut es scheinbar zu verlaufen schien. Fragen existentieller Natur kamen auf. Das Leben wurde unbequem. Dein inneres Wesen drängte dich dazu, aufzuwachen. Als Reaktion auf ein Gefühl, dass etwas nicht stimmen oder in deinem Leben fehlen würde, fingst du an, Psychologisches und Philosophisches zu lesen, oder dich mit heiligen Schriften zu befassen.

Der Geist und das Ego brauchen Begründungen für alles, insbesondere im Hinblick auf das Erwachen der Seele. Erklärungen sind aber nur dann nützlich, wenn das so erworbene Wissen wahres Verstehen ermöglicht und einen Zugewinn darstellt, wodurch die Seele weiter vorangebracht wird. Spiritueller Fortschritt bedarf einer gewissen Einigkeit zwischen dem Geist und dem Ego. Daher muss das gesamte Wesen auf eine Bahn gelenkt werden, welche die Ausbildung einer auf Transformation ausgerichteten seelischen Führung ermöglicht. Kriya Yoga bietet Einweihungen, die sowohl den Atem stärken als auch Techniken zur Konzentration des Geistes vermitteln, wodurch für eine uneingeschränkte Beteiligung bei diesem Bestreben gesorgt wird.

Um jedoch auf dem Weg voranzukommen, musst du dich über das Ego hinwegsetzen. Dafür ist kontinuierliches Selbststudium erforderlich. Selbststudium oder *Swadhayaya* meint nicht nur die Beschäftigung mit heiligen Texten, es beinhaltet auch, sich daran zu erinnern, „wer ich bin" und klar zu erkennen, was man nicht ist: der Körper, die Emotionen, die mentalen Regungen der Begierde und Abneigung. Die letztgenannten sind Vehikel, die das Ego benutzt, um sich durch Raum und Zeit in dieser Welt zu bewegen, wobei es mit deinem Karma und deiner von Ruhelosigkeit und Trägheit geprägten Natur konfrontiert wird. Wenn man das Wechselspiel zwischen all diesen Dingen klar erkennt, wird das wahre „Selbst" bzw. die Seele oder das Zeugenbewusstsein vom Egoismus befreit.

Um die Seele vollständig zu erwecken, muss der Geist den Einfluss des Egos abwehren. Der Geist und das Ego sind stark und oft arglistig, daher muss man sich zur Überwindung von Schwächen, Defiziten und Leidenschaften einer konzentrierten, täglichen Reinigungspraxis unterziehen. Das Ego kann trügerisch sein und einen dazu verleiten, zu glauben, dass bestimmte Gedanken und Impulse von einer großen spirituellen Erkenntnis herrühren würden, obgleich dem oft nicht so ist. Alle Gedanken, Gefühle und Handlungen müssen wachsam beobachtet werden und sämtliche Gedanken oder Handlungen, die auf einem Fehler oder einer Irreführung beruhen, müssen wahrgenommen und korrigiert werden. Auch wenn ego-zentrische Irrtümer sich nicht leicht feststellen lassen, kann jemand, der sich im Einklang mit der Seele befindet, die Qualitäten von Ausgeglichenheit, mentalem Frieden und innerem Wohlergehen erkennen.

Verwirrtheit, Wut, Unaufrichtigkeit, Hass, Neid und Selbstsucht werden die Einflussnahme deiner Seele abwehren. Widersprüchliche Emotionen werden die Einwirkungsmöglichkeit deiner Seele auf die höheren Zentren beschränken. Deine *Samskaras* (unterbewusste, gewohnheitsmäßige Denk- und Handlungsweisen) werden sich wiederholt und immer stärker zeigen, bis du dazu fähig bist, sie als habituelle Impulse und mechanische Gewohnheiten zu sehen. Du musst ihnen trotzen, um Egoismus abzubauen. Du wirst Gleichmut nicht als natürliches Resultat deiner *Sadhana* erfahren, falls du es nicht tust. Es genügt nicht, sich nur nach oben hin zu öffnen und Erfahrungen in tiefen Meditationszuständen zu sammeln. Kriya Yoga verlangt, dass du eine Zunahme an höherem Bewusstsein auf allen Ebenen deines Wesens erreichst und in alle Aktivitäten in deinem Leben integrierst.

Wenn du danach strebst und es zulässt, dass sich deine individualisierte Seele mehr und mehr in deinem Leben manifestiert, werden sich die Eigenschaften der Seele – Reinheit, Harmonie, Schönheit, Freude und Wahrheit – spontan zeigen. Sowie du eine vitale und mentale Umgebung geschaffen hast, die für den Einfluss der Seele förderlich ist, wird Gleichmut in deinem Geist und deinem Herzen aufkommen. Seelische Qualitäten können nicht gelehrt oder geübt werden; sie ergeben sich auf natürliche Weise, wenn du deinen physischen, vitalen und mentalen Körper auf die Seele ausrichtest. Indem du innerlich ruhig und bei deinen Handlungen absolut aufrichtig bist, rückst du dein inneres Wesen in den Vordergrund.

Subtile Veränderungen in deinem Leben, deinem Empfinden, deinem Verstehen und auch deiner Art und Weise, zu reagieren, werden dir bewusst machen, dass die Seele ihre Einflussnahme verstärkt. Dadurch wird dem *Karma* oft in interessanter, dramatischer oder neuartiger Form Rechnung getragen. Dein *Dharma* wird erkennbar, sobald sich die Totalität deines höheren Geistes auszudrücken beginnt, wobei alle Facetten deines Charakters, deine Welt und die Wesen in ihr erfasst werden.

Dein Leben wird zu deinem Yoga

Eine disziplinierte, ganzheitliche und tägliche Praxis von Asana, Pranayama, Mantra, Meditation und Hingabe wird für das notwendige, innerliche Feuer sorgen, um deine Energie und dein Bewusstsein so sehr zu steigern, dass du beginnst, eine neue Sichtweise der Dinge zu entwickeln. Du wirst immer mehr feststellen, dass du dich dafür entscheidest, der Zeuge des Dramas deines Lebens zu sein. Bezeugen befreit dich von Konditionierung. Du identifizierst dich nicht länger mit den Mustern, die der Geist und der Körper in Bezug auf ihre Vorlieben und Abneigungen, ihre Aversionen und Wünsche und ihr Unbehagen und

Vergnügen erschaffen haben. Indem du dich immer wieder beobachtest, kannst du Veränderungen in deinem Geist, deiner Persönlichkeit und deiner menschlichen Natur bewirken. Durch Disziplin kannst du jede Gewohnheit bzw. Charaktereigenschaft modifizieren, wie tief verwurzelt sie auch seien mag. Genau genommen, birgt starke Gegenwehr sogar größeres Potential für wirkliche und dauerhafte Veränderung. Behalte die täglichen Praktiken unter allen Umständen bei und Bewusstheit wird im Grundgefüge deines Lebens integriert werden.

Die Absicht ist nicht, die yogischen Techniken zu perfektionieren. Sie stellen lediglich eine *Sadhana*, eine Werkzeugkiste, Mittel zur Erreichung des Zieles dar, das Bewusstheit ist. Wenn die Praktiken nicht länger eine Anstrengung bedeuten und zu einer Lebensart geworden sind, wirst du eine „neue Lebensform" etabliert haben. Du wirst in jedem Moment, in dem du gegenwärtig bist, eine Möglichkeit erkennen, dich spirituell weiterzuentwickeln. Du wirst beginnen, ein Leben zu führen, dessen Zweck es ist, sich selbst zu entfalten und zu vervollkommnen und all deine tagtäglichen Erlebnisse werden ein Erfahrungsfeld für deine Perfektion bilden. Dein Leben wird zu deinem Yoga werden und du wirst erkennen, dass „Handeln mit Bewusstheit" nicht nur das Instrument deiner Transformation war, sondern auch dein Ziel ist.

Für Informationen über Babaji's Kriya Yoga, kontaktiere bitte:

Babaji's Kriya Yoga and Publications, Inc.
196 Mountain Road • P.O. Box 90
Eastman, Quebec • Canada J0E 1P0
Tel: +1(888) 252-9642 • +1(450) 297-0258 • Fax: +1(450) 297-3957
www.babajiskriyayoga.net • info@babajiskriyayoga.net

ÜBER DIE AUTOREN

Durga Jan Ahlund praktiziert und studiert Yoga seit 1967 und unterrichtet ihn seit 1990 regelmäßig. Sie lehrt Hatha Yoga, Kundalini Yoga, Kriya Yoga und arbeitet auch als Yoga-Therapeutin. Sie kreierte einen zweijährigen Kurs über Yoga und Meditation zum Selbststudium und wirke als Verfasserin, Produzentin und Darstellerin an dem Video „Kriya Hatha Yoga: Selbstverwirklichung durch Handeln mit Bewusstheit" mit. Gemeinsam mit Marshall Govindan schrieb sie ein Buch über Kriya Yoga, „Erkenntnisse auf dem Weg". Sie entwickelte eine 200-stündige (Yoga Alliance zertifizierte) Hatha-Yoga-Lehrer-Ausbildung, die sie seit 1998 in dem Kriya Yoga Ashram in Quebec und in Indien, Brasilien und Europa unterrichtet. Sie war an der Editierung vieler Yoga-Bücher für den Kriya Yoga Orden der Acharyas und die Kriya Yoga Publications beteiligt. Im Januar 2003 wurde sie in Bangalore (Indien) in den Lehrer-Orden der Acharyas von Babaji's Kriya Yoga aufgenommen und gibt Einweihungen in Babaji's Kriya Yoga in Kanada und den USA. Sie ist mit Marshall Govindan Satchidananda verheiratet und hat zwei erwachsene Söhne. Sie ist zu erreichen unter: durga@babajiskriyayoga.net.

Marshall Govindan Satchidananda praktiziert Babaji's Kriya Yoga intensiv seit 1969. Er studierte und praktizierte Kriya Yoga fünf Jahre lang in Indien bei Yogi S.A.A. Ramaiah. Über einen Zeitraum von 18 Jahren verteilt, unterstützte er Yogi Ramaiah beim Aufbau von 23 Yogacentern in der ganzen Welt. Während dieser Zeit praktizierte er Kriya Yoga im Durchschnitt 8 Stunden pro Tag und erlangte schließlich die Verwirklichung des Selbst. Während seines Aufenthaltes in Indien erlernte er die tamilische Sprache und studierte die Werke der tamilischen Yoga Siddhas. 1980 arbeitete er bei der Zusammenstellung und Veröffentlichung der vollständigen Schriften von Siddhar Boganathar mit.

1986 beaufsichtigte er den Bau einer Rehabilitationsklinik für Yogatherapie und Krankengymnastik in Tamil Nadu (Indien). 1988 erhielt er von Babaji Nagaraj, dem Begründer des Kriya Yoga, den Auftrag, Kriya Yoga zu unterrichten. Zuvor musste er jedoch spezielle strenge Anforderungen erfüllen, ehe er andere in den 144 Kriyas unterweisen durfte, in die er 5 Jahre zuvor von Yogi Ramaiah eingeweiht worden war.

1991 schrieb er den Bestseller „Babaji – Kriya Yoga und die 18 Siddhas", das bis heute in 13 Sprachen übersetzt worden ist. 1992 gründete er den Babaji's Kriya Yoga Ashram in St. Etienne de Bolton, Quebec. Hier werden das ganze Jahr über Kurse, Seminare und Retreats angeboten. 1995 gab er seine Stelle als leitender Systemauditor bei Kanadas größtem Arbeitgeber, der Mouvement Desjardins Genossenschaft, auf und ging in den Ruhestand, um sich ganz seiner Lehr- und Publikationstätigkeit auf dem Gebiet des Yoga widmen zu können. Seither bereist er die ganze Welt, um ca. 50 Kriya Yoga-Gruppen in über 20 Ländern zu beraten und anzuleiten. Ferner betreut er Ashrams in Bangalore (Indien) sowie einen Laienorden von Kriya Yoga-Lehrern: Babaji's Kriya Yoga Order of Acharyas, ein gemeinnütziger Verein mit Niederlassungen in den USA, Kanada und Indien. Er hat 15 Bücher über Yoga geschrieben und veröffentlicht. Sein Buch „Kriya Yoga Sutras des Patanjali und der Siddhas" wurde vielfach anerkannt und zeigt zum ersten Mal die enge Verbindung zwischen dem klassischen Yoga und den Siddhas.

Seit 1989 hat er persönlich über 10.000 Personen in einer Serie intensiver Seminare und Retreats in Babaji's Kriya Yoga eingeweiht. Im Oktober 1999 erschien ihm (sog. „Darshan") Babaji Nagaraj, nicht weit von dessen Ashram in Badrinath im Himalaya. Seit dieser Zeit ist er an der Leitung eines umfassenden Forschungsprojektes beteiligt, welches die gesamte Literatur zum Yoga der tamilischen Siddhas zum Gegenstand hat. Er ist Absolvent der Diplomatenschule der Georgetown University und der George Washington University in Washington, D.C.. Er ist mit Durga Ahlund verheiratet.

„Marshall Govindan Satchidananda ist nicht nur der berühmteste Kriya Yoga Meister der Welt, sondern er hat dem Kriya Yoga auch einen fantastischen Dienst erwiesen, was ich nur mit Paramahansa Yogananda vergleichen kann. Govindan Satchidananda ist der „Spirit" Babajis."
SWAMI MAITREYANANDA Präsident des WELTYOGA-RATS des INTERNATIONALEN YOGAVERBANDS (5. November 2012)

Die Gnade von Babaji's Kriya Yoga

Ein Kurs in einzelnen Lektionen

Eine Einladung von Babaji's Kriya Yoga and Publications, Inc.

Zwei Jahre der Selbst-Erforschung und -findung

„Auf eine Veränderung im menschlichen Leben ohne eine Veränderung der menschlichen Natur zu hoffen, ist ein irrationales und unspirituelles Unterfangen; d.h., etwas Unnatürliches und Unrealistisches zu verlangen, ein unmögliches Wunder." Sri Aurobindo.

Unser Streben nach unserem göttlichen Selbst muss auch beinhalten, unsere menschliche Natur modifizieren zu wollen. Aber anstatt uns um die Veränderung unseres Naturells zu bemühen, versuchen wir meistens, uns lediglich mit unseren Gewohnheiten der Begierde, der Abneigung und der Angst abzufinden. Daher trachten dunkle Elemente weiterhin neben hellen danach, sich zu manifestieren und in unserem Leben aufzutreten.

Der „Grace Course" bringt uns dazu, unsere Begierden, Abneigungen und Ängste zu erforschen, damit wir unsere eigenen wahrhaften und falschen Anteile erkennen können.

Wenn man tief verwurzelte Gewohnheiten und Instinkte untersucht, zeigen sich Schwächen deutlicher. Dies ist ein persönlicher und tief greifender Prozess, der wirkliche Arbeit bedeutet.

Hast du dir aufrichtig und ernsthaft überlegt:

- Wie weit können mich Disziplin und persönliche Anstrengung bringen?
- Was ist Gnade und ist sie für Selbsterkenntnis absolut notwendig?
- Ist mein Ego wirklich so schlecht?
- Muss ich jeden lieben, oder nur meine Pflicht erfüllen?
- Wie kann ich verhindern, dass Liebe zu bloßer Anhaftung wird bzw. sich in Wut oder Gleichgültigkeit auflöst?
- Warum ist das Leben so voller Begierden, Abneigungen und Ängste?
- Gibt es überhaupt einen Grund zur Angst?
- Wie kann ich lernen, meine Willenskraft wirksam einzusetzen, um meine Widerstände zu überwinden?
- Gibt es für mein Leben einen Höheren Willen und falls dem so ist, wie kann ich lernen, mich mit ihm zu verbinden?
- Ist das, was man „sehen" kann, sogar in der Meditation, jemals das wahre Selbst?

Der gesamte Kurs besteht aus 24 monatlichen Lektionen. Jede Lektion ist (in der deutschen Übersetzung) ca. 25 Seiten lang. Du kannst jedes Jahr einzeln abonnieren: €108 pro Jahr.

Um dich für den Kurs anzumelden, kontaktiere uns unter: **Babaji's Kriya Yoga Publications**
196 Mountain Road • PO Box 90 • Eastman • QC • J0E 1P0 Kanada •
www.babajiskriyayoga.net

Erleuchtung ist anders als du denkst

von Marshall Govindan

Erleuchtung ist anders als du denkst, unsere jüngste Veröffentlichung zeigt auf, wie du die Ego-Perspektive – die gewohnheitsmäßige Identifizierung mit dem Körper, den Emotionen und den Gedanken – durch eine neue ersetzen kannst: den Zeugen, jener Sichtweise deiner Seele ... reinem Bewusstsein. Mit zwingender Logik, Übungen für jeden Tag und geführten Meditationen erklärt das Buch, wie du dich selbst vom Leiden befreien, inneren Frieden genießen und intuitive Führung finden kannst. 192 Seiten, ISBN 978-1-987972-08-5

„Mit seinem Werk, Erleuchtung ist anders als du denkst, legt Marshall Govindan die Geschenke der Siddha Meister direkt vor unsere Haustüren. Er skizziert darin prägnant und klar die lange erprobten Techniken dieser Meister zur Beseitigung von Hindernissen – unsere tiefsten Leiden wie Angst, Zweifel und alle Formen von Kummer und Sorgen, welche den ununterbrochenen Fluss unserer intrinsischen Brillanz und Freude blockieren. Erleuchtung ist anders als du denkst ist eine Pflichtlektüre, da es praktisch, einfach und aussagekräftig ist ... Es ist ein maßgebliches Werkzeug, das wir einsetzen können, um den Lebenzweck zu finden.“

– Pandit Rajmani Tigunait, Ph. D; spiritueller Leiter des Himalayan Institute. Lehrer, Autor, Philanthrop und visionärer geistiger Führer.

DIE STIMME BABAJI'S

EINE TRILOGIE ÜBER KRIYA YOGA

Sri V.T. Neelakantan zeichnete 1953 eine Reihe von Gesprächen mit Satguru Kriya Babaji wörtlich auf. Diese sind eine Quelle der Freude und Inspiration, die den Kriya Weg gen Gottesverwirklichung, Einheit in der Vielfalt und universeller Liebe beleuchten. Sie enthüllen außerdem die charismatische Persönlichkeit Babajis und zeigen, wie er uns alle mit viel Humor und Weisheit unterstützt. 216 Seiten mit 4 Abbildungen beinhalten die faszinierenden Berichte über die Treffen der Autoren V.T. Neelakantan und Yogi S.A.A. Ramaiah mit Babaji in Madras und im Himalaya. Fast 50 Jahre lang vergriffen, handelt es sich hierbei um tiefgründige und wichtige Aussagen von einem der größten, lebendigen, spirituellen Meister der Welt.
626 Seiten, davon 8 in Farbe. ISBN 978-1-895383-37-9.

JESUS UND DIE YOGA SIDDHAS

von Marshall Govindan

Wer war Jesus? Einer der einflussreichsten Menschen aller Zeiten? Der Begründer des Christentums? Ein Messias oder Heiland, gesandt von Gott, um die Menschheit von ihren Sünden zu erlösen? Was waren Seine Lehren? Ist unser Wissen über Jesus auf das beschränkt, was in der Bibel festgehalten ist? Was sagt die moderne historische Forschung über die Lehren und Handlungen Jesu? „Was waren die ursprünglichen Lehren Jesu, bevor sich die christliche Religion ausgebildet hatte?“ 192 Seiten, Paperback. ISBN 978-1-895383-58-4

BABAJI - KRIYA YOGA UND DIE 18 SIDDHAS

von M. Govindan

Ein seltener Bericht über Babaji, den Meister aus dem Himalaya, der Kriya Yoga entwickelte, die Siddhas, seine Quelle der Inspiration und die Prinzipien des Kriya Yoga. Richtlinien für die Praxis. 320 Seiten, 4 Abbildungen, 33 Farbfotos, 100 bibliographische Angaben und Glossar. Paperback.
ISBN 978-3-939570-69-1.

Weitere Titel von Kriya Yoga Publications, Inc.:

KRIYA YOGA: ERKENNTNISSE AUF DEM WEG

von M. Govindan und Jan Ahlund

Meine Frau Jan „Durga" Ahlund und ich sahen seit vielen Jahren die Notwendigkeit eines Buches, das sowohl denjenigen, die daran interessiert sind, Kriya Yoga neu zu erlernen, als auch denen, die diesen Weg bereits eingeschlagen haben, erklärt, warum er praktiziert wird, welche Schwierigkeiten es dabei gibt und wie man diese überwindet. Wir glauben, dass dieses Buch, jedem dabei helfen wird, sich auf die Herausforderungen und Möglichkeiten des Kriya Yoga vorzubereiten.
ISBN 978-1-895383-49-2.

Die Kriya Yoga Sutras des Patanjali und der Siddhas

von Marshall Govindan

Diese Übersetzung ist sowohl einfach zu verstehen, als auch präzise. Der Kommentar zeigt zum ersten Mal die Nähe Patanjalis zur philosophischen Tradition der tamilischen Siddhas. Ein einzigartiger Kommentar, der für jeden Vers „Praktiken" oder Kriyas nennt, die für in Kriya Yoga Eingeweihte genauso wie für Nicht-Eingeweihte nützlich sind.
„Für Kriya Yoga Schüler unerlässlich… eine wertvolle Ergänzung für die Erforschung des Yoga im Allgemeinen und das Studium des Yoga-Sutra im Besonderen.
Ich kann es von ganzem Herzen empfehlen." aus dem Vorwort von Georg Feuerstein., Ph.D.
"Ein ausgezeichneter und gut lesbarer Kommentar" David Frawley.
"Ein bedeutender Beitrag zur Sadhana aller ernsthaft Yoga-Übenden" Yoga Journal.
277 Seiten, Sanskrit Transliteration, Verzeichnisse von Sanskrit und englischen Begriffen; Verzeichnis der in den Versen genannten Kriyas. ISBN 978-1895383-41-6. Neu auch als Taschenbuch; ISBN 978-1895383-95-9

DVD – Kriya Hatha Yoga in deutscher Sprache (mit Booklet)

mit Marshall Govindan & Durga Ahlund

Erlerne die 18 Haltungen, die von Babaji Nagaraj entwickelt worden sind und werde der Sehende, nicht das Gesehene! Werde dir dessen bewusst, was bewusst ist! Glückseligkeit tritt ein! Dieses einzigartige, schöne, zweistündige Video beinhaltet sorgfältige und detaillierte Anweisungen, nicht nur zur technischen Ausführung einer jeden Haltung, sondern auch bezüglich der höheren Bewusstseinszustände, welche durch die Übungen erweckt werden. Lasse deine Yoga Praxis etwas äußert Meditatives werden. Jedes Asana wird stufenweise gelehrt; vorbereitende Varianten machen die Haltungen auch für Anfänger erfahrbar und sind gleichzeitig für den Fortgeschrittenen eine Herausforderung. „Ehrlich, einzigartig und inspirierend" – Yoga Journal.
ISBN 978-3-89767-268-0

Der Yoga des Siddhas Boganathar

Dr. T.N. Ganapathy, PhD - in Deutsch

Das vorliegende Werk ist eine Biografie Bogananthars. Sie zeichnet sich dadurch aus, dass sie zum Teil auf eigenen Aufzeichnungen Boghanathars beruht. Dr. Ganapathy weist den Leser in die außergewöhnliche Herausforderung ein, die esoterische Poesie von Boghanatar und den Siddhas in ihrer mystischen Zwielichtsprache zu erfassen.
Das Herzstück dieses Buches ist eine Übersetzung mit Kommentaren zu 75 ausgewählten Gedichten, die für Studierende der Religionsgeschichte und insbesondere des Yoga und des Tantra aufschlussreich sind. Durch Meditation über diese Verse wird der Leser große Inspirationen erlangen.
368 Seiten, Paperback, ISBN 978-1-895383-35-5

Bestellungen unserer Publikationen, CDs und DVDs über den Online-Shop unserer Webseite:

www.babajiskriyayoga.net

Die Zahlung erfolgt per Kreditkarte mit VISA, Mastercard/Eurocard oder American Express.